Edition Beck

FRIEDRICH PRINZ

Askese und Kultur

Vor- und frühbenediktinisches Mönchtum an der Wiege Europas

VERLAG C.H.BECK MÜNCHEN

CIP-Kurztitelaufnahme der Deutschen Bibliothek

Prinz, Friedrich:
Askese und Kultur: vor- u. frühbenediktin.
Mönchtum an d. Wiege Europas / Friedrich Prinz.
– München: Beck, 1980.
ISBN 3 406 07879 6

ISBN 3 406 07879 6

Umschlagentwurf von Walter Kraus, München
Das Umschlagbild zeigt den hl. Benedikt in der Miniatur einer Zwiefaltener Handschrift (Cod. hist. fol. 415, 87 r der Württembergischen Landesbibliothek, Stuttgart)

Satz und Druck: Aumüller Druck KG Regensburg
Printed in Germany

Vorwort

Das 1500jährige Geburtsjubiläum des heiligen Benedikt im Jahre 1980 wird mit Sicherheit eine Flut von Literatur hervorbringen, die sich mit der Gestalt des bedeutendsten abendländischen Ordensgründers beschäftigt, einer Gestalt, deren säkulare Wirkung in seltsamem Widerspruch zu dem wenigen, hagiographisch Verfremdeten steht, was wir über seine Person wissen. Die Dialoge Papst Gregors des Großen geben uns ein hochstilisiertes Bild des Heiligen, in dem Persönliches im eigentlichen Sinne kaum ausgemacht werden kann, und selbst über die Authentizität seiner welthistorisch wirksamen Klosterregel ist es zu einer ernsten wissenschaftlichen Auseinandersetzung gekommen. Bleibt also die Figur des großen Mönchsvaters für uns weitgehend im Verborgenen, so mag es um so notwendiger sein, die Umwelt seines Wirkens und vor allem die nachhaltige Fernwirkung seiner monastischen Lebensordnung stärker ins Auge zu fassen, ebenso aber auch die historischen und kulturellen Folgen, die vom benediktinischen Mönchtum ausgegangen sind, Folgen, die das mittelalterliche wie auch das neuzeitliche Europa tief geprägt haben. Die vorliegenden Studien beschränken sich auf die Frühzeit des abendländischen Mönchtums, auf zeitgenössisches monastisches Leben im spätantiken Gallien, auf die Rolle der monastischen Kultur beim Aufbau der merowingischen und karolingischen Gesellschaft. Ausschnitte und bestimmte Aspekte der Wirkungsgeschichte des heiligen Benedikt also, die aber dennoch bedeutungsvoll waren, da eines der größten Paradoxa dieser Wirkungsgeschichte darin besteht, daß die Regel des großen Mönchsvaters nicht in seinem Heimatland Italien, sondern im Frankenreich ihren Siegeszug angetreten hat.

Die folgenden Kapitel schließen sich mehr oder weniger eng an mein 1965 erschienenes Buch über „Frühes Mönchtum im Frankenreich“ und an Einzelarbeiten der letzten Jahre an. Der Anmerkungsapparat wurde so knapp wie möglich gehalten. Bei der Einrichtung des Textes und der Fußnoten war mir Herr Dr. Georg Jenal, selbst ein gründlicher Kenner des frühen europäischen Mönchtums, sehr behilflich; ihm gilt mein ganz besonderer Dank.

München, im Dezember 1979 Friedrich Prinz

Johannes von Elmenau
in Verehrung und Dankbarkeit
gewidmet

Inhalt

Einführung

Friedrich Nietzsche, leidenschaftlicher Humanist und unfreiwilliger ,,Kirchenvater" für mancherlei Totalitarismen und militante Antiklerikalismen, hat in seiner berühmten Schrift ,Zur Genealogie der Moral' eine flammende Anklage gegen das Christentum als den Zerstörer der antiken Welt geschleudert, eine Anklage, die bekanntlich so alt ist, daß sich schon der hl. Augustinus in seinem Buch über den ,Gottesstaat' mit ihr ausführlich auseinandersetzen mußte. Der Altphilologe Nietzsche hatte bei seinem Verdikt vor allem die literarische Kultur der Antike vor Augen, die er als vom Christentum vernichtet glaubte: ,,Noch inmitten der griechisch-römischen Herrlichkeit, welche auch eine Bücher-Herrlichkeit war, angesichts einer noch nicht verkümmerten und zertrümmerten antiken Schriften-Welt, zu einer Zeit, da man noch einige Bücher lesen konnte, um deren Besitz man jetzt halbe Literaturen eintauschen würde, wagte es bereits die Einfalt und Eitelkeit christlicher Agitatoren – man heißt sie Kirchenväter – zu dekretieren: ,Auch *wir* haben unsere klassische Literatur, *wir brauchen die Griechen nicht*' – und dabei wies man stolz auf Legendenbücher, Apostelbriefe und apologetische Traktätlein hin, ungefähr so, wie heute die englische ,Heilsarmee' mit einer verwandten Literatur ihren Kampf gegen Shakespeare und andere ,Heiden' kämpft."[1]

Man weiß heute zur Genüge, wie ungerecht und historisch unhaltbar diese bösen und pauschalisierenden Angriffe Nietzsches gegen die christliche Spätantike sind – genannt sei nur als pars pro toto das klassische Werk von *Henri-Irenée Marrou* ,Saint Augustin et la fin de la culture antique'[2] –, wir wissen ferner, welche entscheidende Rolle gerade die Kirche als geistige Potenz und widerstandsfähige Gesellschaftsformation beim Übergang der Spätantike zum Mittelalter gespielt hat.[3] Dennoch: Christentum und antike Welt ist und bleibt ein faszinierendes Thema in der wissenschaftlichen Welt, ein Thema, das seit *Edward Gibbons* berühmter ,History of the Decline and Fall of the Roman Empire' von 1776 immer wieder diskutiert worden ist und weiterhin diskutiert wird; ich erinnere nur an die bekannten Werke von *Andreas Alföldi,*[4] *Charles Norris Cochrane,*[5] *Max Ludwig Wolfram Laistner,*[6]

Pierre de Labriolle,[7] *H. Hagendahl* und *Pierre Riché,*[8] an den von *Arnoldo Momigliano*[9] herausgegebenen Sammelband ,The Conflict between Paganism and Christianity in the Fourth Century' und – last not least – an die wichtigen einschlägigen Publikationen des „Centro Italiano di Studi sull'Alto Medioevo", vor allem an die Bände über ,Zentren und Wege der Ausbreitung der Kultur im Hochmittelalter', über die ,Schule des Frühmittelalters im lateinischen Westen' und über ,Das frühmittelalterliche Mönchtum und die Entstehung der westlichen Kultur'.[10] Schließlich und endlich ist es kein Zufall, daß das vielschichtige Problem des Verhältnisses von Antike und Christentum Gegenstand eines großen lexigraphischen Unternehmens geworden ist, wobei zwangsläufig die Aspekte des Übergangs vom spätantiken Imperium zu den germanisierten Nachfolgestaaten des Frühmittelalters eine wesentliche Rolle spielen, Fragen also, die auch für unser Thema zentrale Bedeutung haben.[11]

Zwei Problemkreise sind es vor allem, denen die nachfolgenden Darlegungen gewidmet sein sollen:

1. Die Rolle der Kirche und speziell des westlichen Mönchtums bei dem *gesellschaftlichen Wandel* jener Umbruchsepoche, die mit den beiden herausragenden Gestalten Kaiser Konstantins des Großen und Papst Gregors des Großen markiert ist.
2. Der entscheidende Beitrag des westlichen Mönchtums bei der *Transformation des geistigen Erbes der heidnischen Antike* und der klassischen Bildung – sei es durch Ablehnung, Filterung, ja Unterdrückung aus monastisch-asketischer Einstellung heraus, sei es durch selektive Adaption und vorsichtig-zögernde Aneignung –, eine Haltung, die oft auf eine vorsichtige Bewahrung klassisch-antiker Kulturgehalte hinauslief.

Die eine Frage ist von der anderen ebensowenig zu trennen, wie Gesellschaft und Kultur ohne ihre Wechselwirkung und strikte Interdependenz verständlich sind.

Wenn im folgenden die Entwicklung des westlichen, vor allem des provençalisch-gallischen und frühfränkischen Mönchtums skizziert werden soll, dann sei gleich zu Beginn eine Warntafel aufgestellt: Der Schwerpunkt dieser Darlegungen kann nicht den innersten Wesenskern der monastischen Lebensform betreffen, d. h. jener Lebensform, die ein extremer Sonderfall christlicher „conversatio" durch demütige Selbstheiligung und durch asketisch-individuelle wie gemeinschaftliche Wege zu Gott ist. Vielmehr soll es hier um ein welthistorisch wirksames Phänomen gehen, das *Wilhelm Wundt* mit der Formel von der „Heteronomie der Zwecke" umrissen hat, d.h. mit jener bekannten Erscheinung, daß geschichtliche Kräfte – Einzelpersonen wie Gemeinschaften – zwar bestimmte Ziele leidenschaftlich verfolgten und in dieser oder jener Form auch teilweise erreichten, daß sie dabei aber, gleichsam im Nebenschluß und meist unbeabsichtigt, noch ganz andere und oft viel schwerwiegendere Wirkungen zeitigten, die völlig außerhalb der bewußten Intention der jeweils Handelnden lagen. Man denke etwa an das puritanische Arbeitsethos und sein welthistorisches „Nebenprodukt": den modernen Kapitalismus. Diese „Heteronomie der Zwecke" haben wir im Auge, wenn es nachfolgend um die geschichtlichen Wirkungen des Mönchtums „nach außen" geht, um seine eigentümliche umformende Kraft in der jeweiligen Gesellschaft. Es soll einsichtig gemacht werden, wie eine im Prinzip und aus religiöser Überzeugung radikal egalitäre Gemeinschaft, nämlich eine Klostergemeinschaft, mit ihrer strikten Normierung der Lebensgewohnheiten und ihrem fast utopisch zu nennenden Willen, sich gegen „die Welt" abzuschließen, beim Aufbau der germanisierten, christlich-frühmittelalterlichen Welt geradezu ein Exponent und Hauptrepräsentant dieser frühmittelalterlichen Adelsgesellschaft geworden ist und diese neue, germanisch-romanische Gesellschaft entscheidend mitgestaltet und mitgetragen hat. Der Weg des Mönchtums aus einer christlich-radikalen Protesthaltung gegen die spätantike Welt- und Stadtzivilisation – wir haben es hier mit einer genuinen „Gegenkultur" aus christlicher Verantwortung zu tun! – dieser lange Weg bis in den geistig-politischen Mittelpunkt der fränkisch-merowingischen, später der karolingischen Gesellschaft, in der das Königs- und Adelskloster eine tragende Säule der gesamten politisch-sozialen Herrschaftsordnung geworden ist, war zugleich ein weltgeschichtlich bedeutsamer Integrationsprozeß. Er fasziniert gerade deshalb, weil das Mönchtum in immer neuen reformerischen Anläufen um die Bewahrung und Erneuerung seiner christlichen Ursubstanz ringen mußte, nämlich um seinen tieferen religiösen Daseinszweck, gleichzeitig aber mit diesem ständigen Kampf um die Erhaltung seines metahistorischen Wesensgrundes immer wieder die Gesamtgesellschaft „im Nebenschluß" selbst mit umformte, beeinflußte, veränderte und ihr strengere Normen der Sittlichkeit, des Verhaltens und der Selbstkritik aufprägte.[12]

In diese Entwicklung, die gleichsam bildlich und architekturgeschichtlich von den verstreuten Laurensiedlungen der Thebais zum geistlich-wissenschaftlichen und ökonomischen, hochdifferenzierten Kosmos des St. Galler Klosterplans (um 820) führt, ist auch jener Zeitabschnitt monastischer Entfaltung einzuordnen, der nachfolgend in seinen wesentlichen Phasen charakterisiert werden soll.

1. Phänomenologie des westeuropäischen Mönchtums im Überblick

Die erste, gewissermaßen ,,monadische" Phase der Klosterkultur, die vor allem das frühe Mönchtum Kappadoziens, der thebaischen und nitrischen Wüste charakterisierte, wurde im Westen in dieser radikalen Form als ,,Gegenkultur" nur teilweise rezipiert, etwa in den aquitanischen Eremiten- und Klausnerkolonien.[1] Extreme Segregation von der Welt, Eremitage in abgelegenen Gegenden oder auf einsamen Inseln vor der Meeresküste, ein Existenzminimum, das durch Spenden und eigene primitivste Urproduktion gesichert wurde, dies sind die Kennzeichen dieser extrem antizivilisatorischen Phase des Mönchtums, die schon früh innerhalb und außerhalb der Kirche Kritik hervorgerufen hat, wie dies sowohl *Hieronymus* und *Salvian von Marseille* wie auch, von seiten der heidnisch gebliebenen Bildungselite, *Rutilius Namatianus* bezeugen.[2] Letzterer spottete über die Mönche der Insel Capraria im Tyrrhenischen Meer, diese Menschen, die sich mit dem griechischen Namen ,,monachi" nennen, würden aus krankhafter Angst vor dem Elend des Lebens gleich freiwillig das Elend wählen. Für diesen hochgebildeten Heiden war der Mönchsgeist schlimmer als das Gift der Circe, denn jene verwandelte einst nur die Körper, dieser jedoch auch die Seelen.

Das Mönchtum dieser frühen Epoche, also bis zum Ende des 4. Jahrhunderts, definieren zu wollen, ist aussichtslos; schon der plakative Terminus ,,Mönchtum" kann hier in die Irre führen, da er ein sehr widersprüchliches Spektrum asketischer Lebensformen umfaßt und im Rückblick falsche Vorstellungen von Regularität, Norm und innerer Kohärenz dieser Lebensweisen erweckt. Die asketisch lebenden Frauen aus aristokratischen Kreisen Roms, denen die paränetischen Briefe des hl. Hieronymus galten,[3] sind schwer zu vergleichen mit dem Gartenkloster des hl. Augustin in Hippo oder dessen monastisch lebender Klerikergemeinschaft an seiner Bischofskirche, Gemeinschaften, in denen nach den Vorstellungen des großen Kirchenvaters Ideen der antiken Sozialphilosophie und des stoischen Freundschaftsgedankens eine enge Verbindung mit paulinischen Gedanken und christlich-asketischen Vorstellungen eingegangen sind, die Augustin in Trier, Rom und Mailand kennengelernt hatte.[4] Ebenso schwer ist es, die Anachoreten und Coenobiten des Orients mit den wandernden Mönchsgruppen zu vergleichen, die den hl. Martin bei seinen Zügen und Tempelzerstörungen in Gallien begleiteten,[5] oder gar mit dem stark vom orientalischen Vorbild beeinflußten Mönchtum des Priscillianismus in Spanien und Südwestfrankreich, welches der ersten Christenverfolgung durch Christen im lateinischen Westen weitgehend zum Opfer fiel.[6] Was man vielleicht als ein gemeinsames Merkmal dieser asketischen Frühphase bezeichnen könnte, ist der quasi „internationale" Zusammenhang dieser Gruppen, ihre erstaunliche geistige und oft auch physische Mobilität innerhalb der noch existierenden Verkehrsgemeinschaft der spätantiken Mittelmeerwelt. Unter den Priscillianisten etwa finden sich Mönche aus Syrien, Palästina und Ägypten, afrikanische Asketen und Coenobiten wirken stark auf das Mönchtum Spaniens, und selbstverständlich stehen Rom und Italien in stärkstem geistigen und personellen Austausch mit den berühmten orientalischen Zentren.[7] Benedikts Polemik gegen die ziellos herumschweifenden Mönche (gyrovagi) und seine Forderung der „stabilitas in congregatione" für jedes Mitglied der Klostergemeinschaft zeigt, wie stark das Problem der horizontalen Mobilität von einer neuen monastischen Generation empfunden worden ist und wie entschieden man sich dagegen abzugrenzen suchte. Wenn das stärker regularisierte Mönchtum des 5. und 6. Jahrhunderts diesen personellen „internationalen" Verbund zumindest im Westen weitgehend einbüßte, dann lag dies keineswegs nur an den neuen Mönchsregeln. Die Behinderung der internationalen Verkehrsgemeinschaft durch die neuen Barrieren der Völkerwanderungsepoche spielte hierbei ebenso eine Rolle wie die zunehmende gesellschaftliche und politisch-kirchliche Integration der Klöster in die ethnisch gemischten jungen Staatsgebilde des lateinischen Westens, von denen noch die Rede sein wird. Die Übergänge von der spontanen, oft anarchischen „gyrovagen" Frühphase zu den geordneteren monastischen Lebensformen des 5. und 6. Jahrhunderts vollzog sich jedoch gleitend und nach Zeit und Region sehr verschieden. Aufschlußreich ist für die Frühphase mit ihrer stark individualistischen Note schließlich das Nebeneinander zahlreicher Bezeichnungen für Asketen: sie werden continentes religiosi, spirituales, confessores und monachi genannt – letzterer Ausdruck wird aber noch unspezifisch verwendet! – weibliche Asketen erscheinen als professae, devotae, virgines oder puellae Dei und religiosae. Also eine Vielzahl von Termini, die an sich schon einen Widerspruch zu Norm und Regularität anzudeuten scheint. Immerhin wird man als gemeinsame Merkmale all dieser Gruppen eine gewisse Absonderung innerhalb der „ecclesia", d. h. der Gemeinde, festhalten dürfen, eine Absonderung, die sich als das deutlichste Kriterium für das frühe, noch unorganisierte Mönchtum erweist und die gleichzeitig die Grundlage für eine Weiterentwicklung zur Regularität und zum organisierten Leben unter einem Abt oder einer Äbtissin bildete.[8]

Überblickt man die monastische Entwicklung auf der *Apenninenhalbinsel* zwischen Spätantike und Frühmittelalter und vergleicht sie mit der Entfaltung mönchischer Lebensformen in Gallien und dem Frankenreich während desselben Zeitraumes, dann fällt ins Auge, daß zwar die Anfänge asketischen Lebens in Rom relativ gut erkennbar sind und auch für Mailand und Vercelli ein Mönchtum seit der 2. Hälfte des 4. Jahrhunderts nachweisbar ist, doch ebenso deutlich zeigt der Vergleich, daß dem italienischen Mönchtum weitgehend jener monastische Frühling und jene geschichtliche Bedeutung versagt blieb, die für das Merowingerreich charakteristisch waren.[9] Selbst die scheinbar schlagendste Ausnahme, nämlich der hl. Benedikt und der Siegeszug seiner Regel durch Europa, können an diesem Sachverhalt nichts ändern, denn die Regula Benedicti wurde nicht in Italien, sondern erst im frühen Frankenreich die beherrschende Klosterordnung des Mittelalters, und dies war sicher kein Zufall.[10] Mönchtum taucht in Italien, anders als im Orient und im gallischen Westen, vornehmlich im Umkreis der überragenden Gestalten der jungen Reichskirche auf, nämlich in den Briefen und Schriften eines Hieronymus, Ambrosius und Eusebius, hier allerdings mit einer Klarheit, die sowohl kirchen- als auch gesellschaftsgeschichtlich höchst aufschlußreich und für den lateinischen Westen einmalig sein dürfte.

Es versteht sich von selbst, daß dabei Rom als die immer noch ausstrahlende Mitte im weitverzweigten Kommunikationssystem des Imperium Romanum die Hauptrolle spielte und daher auch die Ausbreitung monastischer Lebensformen im übrigen Italien meist durch römische Einflüsse vermittelt worden ist. Rom wird dabei auch die Relais-Station für die übermächtigen orientalischen Vorbilder, und hier scheint es vor allem der Aufenthalt des streitbaren, mehrfach gebannten Kirchenvaters Athanasius in Rom, Trier und Aquileja (339/41) und dessen Lebensbeschreibung des großen Mönchsvaters Antonius gewesen zu sein, die im Westen Epoche machte und dem Mönchtum die Wege ebnete.[11] Die Antoniusvita scheint von Anfang an als monastische Propagandaschrift für den Westen konzipiert worden zu sein, schon bald nach 360 wurde sie ins Lateinische übersetzt und übte in dieser Form eine erstaunliche Wirkung aus. Das Vorbild der Wüstenväter des Orients traf sicher schon in der westlichen Reichshälfte auf autochthone Ansätze, denn die Grundidee des Mönchtums, nämlich die Beschränkung des Lebens auf das unablässige Streben nach christlicher Vollkommenheit, und zwar unter Verzicht auf die vielgeschäftigen Tätigkeiten der Welt, ist ein genuin christliches Anliegen und daher grundsätzlich nicht an einen einmaligen Entstehungsort gebunden.[12] Wenn dennoch der Orient hier einen bewußtseinsmäßigen, organisatorischen und zeitlichen Vorsprung hatte, so hängt dies wohl mit den weit in die Antike zurückreichenden Voraussetzungen asketischen Lebens in der östlichen Reichshälfte ebenso zusammen wie mit der größeren Ausgereiftheit einer christlichen Gesellschaft und Mentalität in den großen Metropolen des Ostens, in Byzanz, Antiochia, Alexandria, Caesarea und anderen Städten.[13] Auch Rom scheint im asketischen Leben des Presbyters Novatian schon um 249/50 ein frühes Beispiel monastischer Segregation besessen zu haben, allerdings ein nicht unumstrittenes, da ihn Bischof Cornelius beschuldigt haben soll, sein Rückzug von der bedrängten römischen Gemeinde sei keine echte Askese, sondern Angst vor der Christenverfolgung unter Decius und Valerian gewesen.[14]

Dagegen können wir dem umfangreichen Briefwechsel des hl. Hieronymus entnehmen, daß einerseits der Aufenthalt des Athanasius in Rom einen starken Anstoß zur Bildung monastischer Lebensgemeinschaften gegeben hatte und daß andererseits Damen aus der aristokratischen Gesellschaft, wie etwa die vornehme Marcella, sich unter dem Einfluß dieses streitbaren Kirchenvaters zum monastischen Leben entschlossen.[15] Ob dies schon während dessen Exil in den Jahren 339/41 oder, wie wahrscheinlicher, erst später unter dem Einfluß der lateinischen Antoniusvita und des Metropoliten Petrus von Alexandrien 373 geschah, ist dabei weniger von Bedeutung als die Tatsache, daß sich Marcella erst nach der Abreise des hl. Hieronymus aus Rom 385 auf ihre Landgüter zurückzog, um dort ein Kloster zu gründen.[16] Wir haben hier auf jeden Fall den verbreiteten Typ des Aristokratenklosters, das auf Adelslatifundien entstand, von Mitgliedern der römischen Oberschicht geleitet, ausgestattet und organisiert wurde und in dieser Form Schule machte. Paulinus von Nola, Sulpitius Severus, Augustin, Cassiodor und auch Benedikt gründeten auf diese Weise klosterähnliche Gemeinschaften, wobei in manchen Fällen schwer zu entscheiden sein dürfte, ob Klöster solcher Art eher Refugien und Alterssitze philosophischer Geister in einer verdüsterten Welt oder echte Übungsstätten eines asketischen Rigorismus waren, wo durch Gebet und harte Kasteiung ein individueller Weg zu Gott gesucht wurde. Vielfach handelt es sich um asketische Hausgemeinschaften, adelige Damen verwandeln ihre Häuser in klosterartige, nach außen abgeschlossene Behausungen oder ziehen zu diesem Zweck auf ein Landgut, wobei offenbar auch Sklavinnen und Sklaven in die monastische Gemeinschaft einbezogen werden, ob mit oder gegen deren Willen, mag dahingestellt bleiben. So erfahren wir aus den Briefen des Hieronymus nicht nur von der schon erwähnten Marcella, sondern auch von der römischen Aristokratin Asella, die sich von Jugend auf zur Askese entschloß und im Jahre 405 in einer Klostergemeinschaft lebte.[17] Ebenso verband sich Paula mit ihren Töchtern und einigen Sklavinnen zu einer monastischen Gemeinschaft, dasselbe tun um 400 die jüngere Melania und ihr Gatte Pinianus sowie Proba aus der berühmten römischen gens Anicia.[18]

Das orientalische Vorbild des Mönchtums führt die ältere Melania 372 aus Rom zu den ägyptischen Wüstenvätern und nach Jerusalem, wo sie ein Kloster gründet, ebenso verläßt Paula 382 Rom und ihre Kinder, um in Bethlehem in Seelengemeinschaft mit dem hl. Hieronymus ein Frauenkloster ins Leben zu rufen.[19] Marcellina, die Schwester des hl. Ambrosius, zieht sich nach 353 als geweihte Jungfrau aufs Land zurück, desgleichen Lea, die mit ihren asketischen Jungfrauen Rom verläßt, um sich auf dem Lande in der Nähe von Ostia anzusiedeln.[20] Bemerkenswert ist die große Mobilität der Träger und Propagatoren des frühen Mönchtums, die mindestens teilweise mit der hohen sozialen Stellung der Betreffenden und deren weltweiten politisch-kirchlichen Verbindungen zusammenhängt.[21] Der hl. Augustinus findet in Rom 387 ein offenbar schon wohlorganisiertes Frauenkloster mit Nonnen vor, die von ihrer Hände Arbeit leben, eine feste, regelartige Hausordnung haben und geistlichen Vorgesetzten unterstellt sind.[22] Die ausdrückliche Erwähnung dieses Beispieles zeigt aber zugleich, daß man mit vielen, eher „spontanen" Gemeinschaften rechnen muß, die für einige Jahre bestanden, durch einen Zufall in einer schriftlichen Quelle erwähnt werden, aber bald wieder verschwanden. Dies dürfte vor allem für die Frühzeit des römischen Klosterwesens gelten, das 5. Jahrhundert eingeschlossen, in dem nur vier Konvente sicher bezeugt sind.[23] Erst mit dem 6. Jahrhundert wächst die Zahl der römischen Konvente und steigt bis zum Beginn des 8. Jahrhunderts auf mehr als 40 an; gleichzeitig nimmt die Dauerhaftigkeit und Regularität des monastischen Lebens zu, nicht zuletzt durch die enge Verbindung mit der sich konsolidierenden päpstlichen Stadtherrschaft.

Roms Stellung als Mittelpunkt der westlichen Christenheit brachte es auch mit sich, daß die frühen monastischen Gruppen im übrigen Italien zumeist römischen Einflüssen ihre Entstehung verdanken. Das gilt für das Klerikerkloster (nach 363) des Bischofs *Eusebius von Vercelli,*[24] der früher Lektor in Rom war, ebenso aber auch für *Ambrosius von Mailand,* der bereits in seiner Jugend in Rom mit asketischen Lebensformen bekannt geworden war.[25] In seiner Metropole förderte er eifrig das Männerkloster vor den Toren der Stadt. Vor ihm hatte dort bereits der hl. Martin als Klausner gelebt. Auch er war als wandernder Anachoret vor 360 in Mailand gewesen; als ihn dann der arianische Bischof dieser Stadt vertrieb, lebte er mit Gefährten auf der Insel Gallinaria (gegenüber von Albenga an der Riviera); seine eigentliche monastische Wirksamkeit sollte er jedoch erst in Gallien entfalten.[26] Neben den offenbar zahlreichen Inseleremiten Italiens, die seit dem 4. Jahrhundert quellenmäßig erkennbar sind, haben wir früh Kunde von Klöstern in Aquileja, Verona, Piacenza und Bologna, in Süditalien scheint der Gallier *Paulinus von Nola* als erster 395 ein adeliges Hauskloster älteren Stils auf seinen Besitzungen gegründet zu haben.[27] Ihm folgte zwischen 406 und 410 die jüngere *Melania* mit ihrem Gatten *Pinianus,* die, aus der asketischen Bewegung Roms kommend, auf ihren Gütern in Campanien und Sizilien Hausklöster stifteten.[28] Ähnlich wie im Falle des provençalischen Großklosters Lérins wird man als äußere Ursache für die Entstehung monastisch-asketischer Gruppen die politisch-militärischen Katastrophen der Epoche nicht vergessen dürfen. Wir haben es in vielen Fällen sicher mit Flüchtlingen aus Nordgallien und Afrika zu tun.[29] Ähnliches gilt für die Mönche des hl. Severin, die Noricum nach dem Zusammenbruch der römischen Herrschaft im Donauraum verließen und vor 500 im Castellum Lucullanum bei Neapel ein neues Kloster gründeten. Eugippius, der Biograph Severins und Abt des neapolitanischen Klosters, verfaßte auch eine Regel für die Mönchsgemeinschaft.[30] Der Afrikaner Gaudentius rief ebenfalls in Neapel ein

Kloster ins Leben, und Fulgentius von Ruspe (†532) sammelte vor der Vandalenherrschaft in Afrika geflüchtete Mönche in Calaris auf Sardinien.[31]

Flucht vor Feinden, Wallfahrten ins Heilige Land und zu den verehrten Vorbildern monastischen Lebens im Orient, vielleicht auch bereits asketische Heimatlosigkeit als Antwort auf eine zerfallende Großstadtzivilisation – schließlich ist das Mönchtum ursprünglich als Gegenkultur gegen dieselbe entstanden! –, dies alles mag in der Mitte des 6. Jahrhunderts, als sich die politischen Verhältnisse Italiens im Zuge der byzantinischen Restauration wieder zu konsolidieren schienen, dazu beigetragen haben, dem Mönchtum des Westens festere Formen zu geben. Sicher ist es kein Zufall, daß die Regel des aus römischem Adel stammenden Abtes *Benedikt von Nursia* (480/90–550/60), die zur übergreifenden Klosterordnung des Abendlandes werden sollte, sich gegen wandernde Mönche wendet und die „stabilitas in congregatione", die dauernde Bindung des Mönchs an sein Kloster, fordert.[32] Die sogenannte „Regula Magistri", entweder in der Umgebung von Rom entstanden oder in der Provence (Umkreis von Lérins), ist älter als die Regula Benedicti, beide greifen jedoch neben der Hl. Schrift u.a. auch auf die Klosterordnungen Cassians von Marseille zurück, während Benedikt zusätzlich aus Basilius, Pachomius und aus der Regel Augustins schöpft. Sein Gedankengut hat er in christozentrischer Form in klarer, knapper Diktion zu einer wohldurchdachten, in vielen Belangen dennoch offenen Lebensform gestaltet, in welcher der Abt gleichsam die Klosterordnung verkörpert. Der Erfolg der Regel dürfte nicht zuletzt mit ihrer durch den Willen des Abtes garantierten Flexibilität zusammenhängen.[33] An der Wende vom 6. zum 7. Jahrhundert wird in den Schriften und Briefen Papst *Gregors des Großen* der zahlenmäßige Aufschwung des italienischen Mönchtums ebenso sichtbar wie dessen aktive Eingliederung in die römische Kirchenpolitik.[34] Vita activa und vita contemplativa sieht dieser große Papst vereinbar und wünschenswert, für ihn ist das Mönchtum nicht mehr eine christlich-asketische Protestbewegung gegen die Welt, sondern der aktivste Träger christlichen Lebens *in* dieser Welt: damit beginnt mitten in den Nöten der frühen Langobardenzeit Italiens das neue, mittelalterliche Mönchtum. Gregor der Große sichert einerseits die Autonomie der Klostergemeinschaften, unterstellt sie aber in Anlehnung an Justinians Gesetze der Jurisdiktion und „Hirtensorge" der Bischöfe; auf diese Weise wird das Mönchtum endgültig vom radikalen „Outsider" zum integralen Bestandteil der hierarchischen Ordnung; ähnliches vollzieht sich gleichzeitig in Gallien. Dagegen bleibt Cassiodors (485–580) süditalienischer Klostergründung Vivarium, auf dem Besitz des ehemaligen Ministers Theoderichs in Süditalien gegründet, eine weitreichende Wirkung vorenthalten. Als monastische Pflegestätte christlicher Wissenschaft geplant und mit einer bedeutenden Bibliothek ausgestattet, hat Vivarium den Tod seines Gründers offenbar nicht lange überdauert, während das 581 von den Langobarden zerstörte Montecassino durch die Klosterregel seines Gründers welthistorische Wirkungen zeitigte.[35] Für Italien insgesamt mit seiner immer noch weiterlebenden Stadtzivilisation dürfte wohl gelten, was sich für Rom aufgrund einer relativ günstigen Quellenlage sagen läßt: die Klöster bleiben weitgehend im städtischen Lebensbereich und werden in zunehmendem Maße organisatorisch in die bischöfliche Kirchen- und Herrschaftsorganisation integriert. In Rom, wo bis zum Ende des 7. Jahrhunderts mehr als 40 Klöster entstanden waren,[36] spielte der kirchliche Dienst an den großen Basiliken eine wichtige Rolle. Dies hatte allerdings auch zur Folge, daß die römischen Klöster niemals jenes geistlich-kulturelle wie politisch-kirchenrechtliche Eigengewicht entfalten konnten wie die großen landsässigen Adels- und Königsklöster des Frankenreiches. Dies blieb im Italien des 8. Jahrhunderts dann eher den benediktinisch-fränkischen Großklöstern wie Bobbio, Nonantula, Farfa, S. Vincenco am Volturno und Montecassino vorbehalten; doch bildeten deren Konvente mit ihrer teilweise fränkischen Oberschicht gleichsam „Fremdkörper" innerhalb der autochthonen Klosterlandschaft Italiens.

Auch *Gallien* zeigt am Beginn der Entfaltung seiner Klosterkultur eine Vielzahl asketischer Lebensformen, wenn auch das Vorbild des Orients nicht jene Intensität erreichte, wie sie für die frühe Zeit des monastischen Rom nachweisbar ist. Schon *Martin von Tours,* der große Mönchsbischof Westgalliens, paßt mit seinen Klostergründungen Ligugé bei Poitiers und Marmoutier bei Tours nicht mehr in die erste, gleichsam noch orientalische Phase radikaler Segregation von der Welt. Das martinische Mönchtum und mehr noch das provençalische von Lérins und Marseille tragen schon die unverkennbaren Spuren jener zweiten monastischen Phase orientalischen Ursprungs, welche mit den Regeln des Antonius, Pachomius, Basilius und Macarius eine innere und festere Ordnung erhält, deren Vorbild sich dann auch bald im lateinischen Westen durchsetzt, vor allem seit Rufins lateinischer

Übersetzung der Regel des großen Mönchsvaters Basilius. Die lateinische Version der Pachomiusregel aus der Feder des hl. Hieronymus entstand zwar vorerst nur für die Lateinerklöster in Bethlehem,[37] dennoch finden sich seit dem frühen 5. Jahrhundert und im 6. Jahrhundert zahlreiche Belege für die Befolgung orientalischer Mönchsregeln in Gallien, d.h. im lateinischen Westen.

So wurde die *Antoniusregel* in Trier zur Zeit des hl. Augustin befolgt, ferner in Autun im Kloster St. Symphorian, in St. Germain-des-Près in Paris, einer Filiation von Autun, in St. Columba in Sens und wahrscheinlich auch in dem allerdings quellenmäßig schlecht bezeugten Kloster Micy bei Orléans. Die Regel des Mönchsvaters *Basilius des Großen* wurde in Autun-St. Symphorian praktiziert, ferner im Aredius-Kloster in Limoges, in den sogenannten Juraklöstern und wohl auch in Lyon, die *Pachomiusregel* ebenfalls in den Juraklöstern und in Sens-St. Columba, die *Macariusregel* in Lérins, in Grasselus bei Vaison, in Moutier-St. Jean und in St. Seine in Burgund.[38] Wichtig ist es aber in diesem Zusammenhang, daß bereits bei Sulpitius Severus, dem Biographen des hl. Martin, Versuche sichtbar werden, den asketischen Rigorismus der Orientalen den Verhältnissen des Westens anzupassen.[39] Stärker noch tritt uns dies bei *Cassian von Marseille* entgegen, der unter Berufung auf die „gallische Natur" die asketischen Extremformen des östlichen Mönchtums abmildert.[40] Die Absonderung der monastischen Lebensform von der Gemeinde erhielt aber bei Cassian eine besondere ideologische Zuspitzung, denn für ihn war die mönchische Lebensgemeinschaft die Wiederherstellung des Liebeskommunismus der Urgemeinde: nur im Kloster oder in der Anachorese ist nach ihm das wahre Christentum erhalten geblieben.[41] Cassian gründete nach 400 in Marseille zwei Klöster und wirkte durch seine monastischen Schriften, die ‚Conlationes' und die ‚Instituta' entscheidend auf das Hauptkloster des provençalischen Mönchtums, auf *Lérins,* ein, dessen Gründer Honoratus und Caprasius lange Zeit in orientalischen Klöstern gelebt hatten, um dort monastische Verhaltensweisen einzuüben. Cassian spricht in seiner Widmung am Beginn des 11. Buches der ‚Conlationes' von Honoratus und dessen Schüler Eucherius von Lyon als von jenen „a quibus prima anachoreseos instituta suscepimus". Damit ist auch für Lérins der entscheidende orientalische Einfluß auf das Leben nach festen Regeln bezeugt. Daß es eine eigene Klosterregel für das Inselkloster vor der Küste von Cannes gegeben hat, geht aus den zeitgenössischen Quellen hervor. Einige Forscher haben die Vermutung geäußert, daß die vielumstrittene Regula Magistri in Südgallien, eventuell in Lérins, beheimatet sei, doch dürfte deren Verwendung in den monastischen Vorschriften des Eugippius eher auf süditalienischen Ursprung hinweisen.[42]

Gewichtiger noch als diese vieldiskutierte Streitfrage ist die Wirkung Cassians über Lérins und Marseille nach Gallien hinein, wo wir seine monastischen Schriften bzw. regelartige Exzerpte aus denselben in den Juraklöstern, in Lyon, in Limoges, in Apt und in Riez finden. Bekanntlich wirkte Cassian auch auf Benedikt ein, dessen Regel die Lektüre seiner Schriften empfiehlt, ebenso auf Cassiodor, auf Papst Gregor den Großen, auf Caesarius von Arles und auf Columban von Luxeuil. Seine Vorschriften gelten im lateinischen Westen für ein wohlorganisiertes Klosterwesen, das strukturell schon eine neue Phase, die letzte Phase spätantiker Klosterkultur, darstellt, die sich von den asketischen, unorganisierten Anfängen des „unblutigen Martyriums" schon sehr weit entfernt hat. Auch Marmoutier, die Klostergründung des hl. Martin vor den Toren von Tours, scheint in der zweiten Hälfte des 6. Jahrhunderts von den monastischen ‚Institutiones' Cassians erreicht worden zu sein, obwohl das martinische Mönchtum seinem Typus nach eher noch in die spontane monastische Frühphase gehört.[43]

Auf wohlorganisierte Großklöster von bedeutender kultureller Ausstrahlungskraft scheint auch die Entwicklung auf der *iberischen Halbinsel* zugesteuert zu sein. Auch hier spielt *Cassian* eine Vermittlerrolle. Die Schrift ‚De octo vitiis' des Abtes Eutropius von Servitanum († um 600) ist fast ganz ein Exzerpt aus den ‚Conlationes' des Marseiller Mönchsvaters.

Eigene asketische Ansätze hatte Spanien in *Ossius von Cordoba* (†357/58), einem Asketen und geistlichen Berater Kaiser Konstantins, der dieses Gebiet erstmals mit den Ideen des orientalischen Mönchtums bekannt machte. Die iberische monastische Entwicklung litt allerdings unter einem doppelten Kontinuitätsbruch, nämlich erstens unter der Ausrottung des Priscillianismus um 370, die mit einer Diskreditierung der eng mit dieser Sekte verbundenen asketischen Bewegung einherging, und zweitens unter der Invasion der Sueben, später der Wandalen und Goten. Der monastische Neuansatz des 6./7. Jahrhunderts wurde dann stark von Gallien her bestimmt. Das Großkloster *Asan,* Pflanzschule vieler spanischer Bischöfe und in seiner Bedeutung mit Lérins vergleichbar, war eine Gründung des Abtes *Victorianus* (†558), der 20 Jahre seines Lebens als Mönch in Gallien verbracht hatte. Auch der große spanische Klostergründer und spätere Bischof *Martin von Braga* (†572) hatte seine monastische Ausbildung bei Schülern des hl. Caesarius von Arles erfahren, war mit Venantius Fortunatus, Gregor von Tours, der hl. Radegunde von Poitiers befreundet und reiste als Verehrer des orientalischen Mönchtums nach Palästina. Seine Spruchsammlung ägyptischer Väter, die ‚Sententiae patrum Aegyptiorum' wurde als Klosterregel in seiner Hauptgründung Dumio verwendet. Mit der Konversion des Westgotenkönigs Rekkared auf dem Konzil von Toledo 589 setzte dann jene erstaunliche kirchlich-monastische, aber auch allgemein-kulturelle Spätblüte Spaniens ein, die mit den Namen Leander und Isidor von Sevilla, Fructuosus von Braga und Branlio von Saragossa (†651) verbunden ist.[44] Sie gehört aber weit mehr der auslaufenden christlichen Spätantike an als die gleichzeitige irofränkische Blüte des Klosterwesens in Gallien, die schon eher dem Mittelalter zuzurechnen ist.

Wenden wir uns nach diesem Blick auf Spanien kurz der auch für den Kontinent wichtigen Sonderentwicklung in *Irland* zu. Über Ausmaß und Wirksamkeit irischer Besonderheiten im Klosterwesen ist viel diskutiert worden, vor allem über die kulturelle Bedeutung der Iren für das frühmittelalterliche Europa, wobei sich „Iromanie" und „Irophobie" in der Wissenschaftsgeschichte oft gegenüberstanden oder einander phasenweise ablösten. Es ist auch an dieser Stelle unmöglich, diese alte Streitfrage zu entscheiden, doch scheint es in unserem Zusammenhang wichtiger und ersprießlicher zu sein, durch einen knappen Blick auf die autochthone Entwicklung des Mönchtums in Irland wenigstens aufzuzeigen, warum eine monastisch zentrierte Gesellschaft und Randkultur am äußersten westlichen Ende des spätantiken orbis christianus auf dem Kontinent so erstaunliche Wirkungen erzielen konnte. Erstaunlich auch deshalb, weil der Einfluß irischer Mönche auf dem Festland die bereits am Ende der Spätantike erreichte organisatorische Ein- und Unterordnung des Mönchtums in die episkopale Kirchenorganisation noch einmal bremste und damit für das gesamte Mittelalter die Eigenständigkeit des Mönchtums innerhalb der Kirche und also auch seine welthistorische Rolle, die es im Westen spielen konnte, sicherte. Anders als in den vollentfalteten Stadtkulturen des Mittelmeerraumes vermochte das Mönchtum in Irland, d.h. in einer meist kleingliedrigen Stammesgesellschaft, eine viel durchschlagendere Wirkung zu entwickeln als im urbanisierten Mittelmeerraum; wobei wiederum mit einer gewissen inneren Logik durch den irischen Anstoß auch das einst der städtischen Zivilisation entsprossene spätantike Mönchtum befähigt wurde, missionarisch und kulturell in frühfeudal-agrarischen, d.h. noch relativ primitiven Gesellschaften und Herrschaftsbildungen germanischer Herkunft wirken zu können. Es ist dieser „Vorteil der Rückständigkeit" ja ein oft zu beobachtendes geschichtliches Phänomen, die Tatsache nämlich, daß neue Entwicklungen nicht in jenem kulturell und sozialstrukturell voll entwickelten Milieu ihre größte Wirkung entfalten, in dem sie entstanden sind, sondern in gleichsam „unterentwickelten" Gebieten, wo es das Neue offenbar leichter hatte, die dominierende und prägende Kraft zu werden.

So war es für die gesamte keltische und damit auch für die irische Kirche eine entscheidende Weichenstellung ihrer Entwicklung, daß seit der 2. Hälfte des 5. Jahrhunderts durch den Zusammenbruch der römischen Herrschaft in Britannien und durch die nachfolgenden angelsächsischen Eroberungen die lebendige Verbindung mit Gallien und der spätantiken Reichskirche verlorenging, deren Ausstrahlung und Wirksamkeit ja Irland die Anfänge einer bischöflichen Kirchenorganisation unter St. Patrick zu verdanken hatte.[45] Literarisches Zeugnis dieser gewaltsamen Unterbrechung der Kommunikation mit der christlichen kontinentalen Welt ist das Geschichtswerk des Gildas (†570) ‚De excidio et conquestu Britanniae'. In den städtelosen, nunmehr sich selbst überlassenen keltischen Restlandschaften wurden die älteren Fürstentümer und Kleinstämme zu kirchlichen Bezirken, die sich um klösterliche Zentren bildeten; Bangor wurde das berühmteste unter den zahlreichen Klöstern in Wales, doch ihre geschichtsmäßige Sonderentwicklung fand die keltische Kirche vornehmlich in Irland. Über die gesamte Insel breitete sich ein Netz monastischer Gründungen, die im Gegensatz zur monastischen Entwicklung in den Zentren der spätantiken Weltzivilisation keine „Gegenkultur" zu einer außerhalb des Klosters herrschenden und noch übermächtigen Laiengesellschaft darstellten, sondern diese irischen Klöster waren sowohl geistliche wie herrschaftliche Zentren.[46] In einer städtelosen Gesellschaft übernahmen ummauerte, mit Wehrtürmen ausgestattete Klosteranlagen, wie etwa in Clonmacnoise, fast zwangsläufig urbane Funktionen; Großklöster mit 1500 Insassen scheinen keine Seltenheit gewesen zu sein, neben landwirtschaftlicher Tätigkeit ist auch Handwerksarbeit, Fischfang und berufsmäßige Seefahrerei von Klosterinsassen bezeugt; Kildare diente den Umwohnern als Zuflucht und den Nachbarkönigen als Aufbewahrungsort ihrer Schätze.[47] Die Abteien bildeten eigene Seelsorgesprengel (parochiae) aus, die sowohl das Mutterkloster als auch seine oft weit entfernten Tochtergründungen umfaßten und damit oft über die an die Kleinkönigreiche angelehnten Diözesangrenzen hinausreichten. Insgesamt stellten also die irischen Klöster eine intensive Arbeits- und Lebensgemeinschaft von Mönchen, Klerikern und Laien dar, sie waren fest in die Herrschaftsorganisation eingebunden und ähnelten bereits in vielen Wesenszügen den späteren grundherrschaftlich organisierten großen Reichs- und Adelsklöstern des Frankenreiches, deren komplizierte, fast stadtähnliche Sozialstruktur sich so deutlich am St. Gallener Klosterplan ablesen läßt. Die irischen monastischen Zentren nehmen also bereits charakteristische Züge der frühmittelalterlichen Welt auf dem Kontinent vorweg, ja mehr noch, sie haben dieselben gültig vorgebildet.

Zu den ältesten und wichtigsten, gentilizisch organisierten Großklöstern gehören Clonard, das vor 550 von Finnian gegründet wurde, ferner Clonmacnoise, das um dieselbe Zeit vom hl. Kieran ins Leben gerufen und nach Armagh die größte Klosterkirche Irlands wurde, sowie Clonfert als Klostergründung des hl. Brendan (†um 580), der sich als ,,Seefahrer" später zu einer Sagengestalt entwickelte. Etwa zur gleichen Zeit entstand an der Nordküste Irlands das irische Bangor, eine Gründung des hl. Comgall, aus dem Columban der Jüngere, der Gründer von Luxeuil, ins Frankenreich zog. Weitere wichtige Klöster wurden Lismore (Munster), Moville, Kildare und das 563 gegründete Großkloster Iona vor der schottischen Küste, wie Derry in Ulster eine Stiftung Columbans des Älteren; von Iona aus wurden die Pikten und die ,,Schotten" Kaledoniens missioniert, aber auch die nördlichen Angelsachsen. Aidan, ein Mönch aus Iona, stiftete 635 Lindisfarne vor der Küste Nordostenglands; es wurde irisches Missionszentrum für ganz Schottland und Northumbrien. Die irische Mönchskirche griff damit in entscheidender Weise über den eigenen ethnischen Bereich auch in die germanische Welt aus, Mönchtum und Mission wurden hier vorbildlich für das gesamte Mittelalter miteinander verknüpft. Auf der anderen Seite muß aber festgehalten werden, daß der enge geistliche Verband der irischen Klöster untereinander die frühe, bewußtseinsmäßige Einheit Irlands über gentile Grenzen hinweg begründete: die irische ,,Nation" ist weitgehend ein Geschenk der irischen Mönchskirche.[48]

Die irischen Klosterordnungen stammen noch aus der Regelvielfalt des orientalischen wie des mittelmeerisch-provençalischen Mönchtums von Lérins und Marseille (Johannes Cassianus), ebenso die in Irland besonders stark entwickelte Bußpraxis und Privatbeichte, die seit dem 7. Jahrhundert wiederum den Kontinent stark prägten. Der irische Abt, der zumeist einer grundherrlichen Stifterfamilie bzw. der Sippe des Clan-Häuptlings entstammte und der deshalb oft überregionale Klosterverbände leitete, hatte gewöhnlich die kirchliche Jurisdiktionsgewalt und die Wahrung der rigorosen Klosterdisziplin inne. Entweder war er selbst Bischof oder ein oder mehrere Mönche im Kloster versahen dieses Amt, die dann aber, von den Weihefunktionen abgesehen, durchaus in untergeordneter Stellung blieben. Das Modell einer monastisch zentrierten Gesamtkirche erwies sich als so kräftig und den gentilizischen Strukturen Irlands so angepaßt, daß sich einige alte Bistümer, vor allem Armagh, auf monastischer Basis reorganisierten und unter der Leitung von Abtbischöfen standen. Eine weitere Besonderheit der irischen Kirche war die vom kontinentalen Brauch differierende Osterberechnung, die dann der irischen Mission im Frankenreich Schwierigkeiten bereiten sollte.[49]

Mit der Frage nach dem spätantik-mittelmeerischen Einfluß auf Irland hängt die Bewertung der frühchristlich-irischen Geisteskultur zusammen. Die ältere Auffassung, daß Irland seit St. Patrick einen besonders engen und lebendig gebliebenen Kontakt zur spätantiken Bildungswelt besessen habe, wird heute von niemandem mehr geteilt.[50] Die lateinische Kultur kam im christlich-monastischen Sprachgewand ins Land, Latein war für die Iren eine Fremdsprache, und so erklärt sich das frühe, intensive Interesse an grammatischen Texten. Eine breite literarische Rezeption scheint im 7. Jahrhundert stattgefunden zu haben, und zwar durch das Kommunikationssystem irischer und irofränkischer Klöster auf dem Kontinent ebenso wie durch eine enge Verbindung zur christlich-spätlateinischen Nachblüte im westgotischen Spanien.[51] Von Irland aus fand dann eine monastische Literatur mit relativ hohem Bildungsstand und durchsetzt mit Elementen klassischer Profanbildung, soweit dieselben kirchlich adaptierbar waren, zugleich mit der mönchischen Peregrinatio Eingang in die großen klösterlichen Literaturzentren des Frankenreiches, etwa in Corbie, Péronne und Nivelles. So wurde die grüne Insel zwischen dem 7. und 9. Jahrhundert selbst ein Ausstrahlungszentrum geistigen Lebens. Der dem irischen Mönchtum in besonders hohem Grade eigene asketische Grundsatz, daß ein Leben der Heiligung in die Pilgerschaft um Christi willen (peregrinatio pro amore Christi) einmünden müsse, legitimierte den breiten Strom irischer Wandermönche auf dem Kontinent und gewann darüber hinaus weittragende Bedeutung für die Verchristlichung Mittel-, Nord- und Osteuropas im monastischen Missionsauftrag, wie ihn Papst Gregor der Große erstmalig bindend formulierte und wie ihn Columban und seine Landsleute im merowingischen Frankenreich verwirklicht haben.[52] Es verwundert nicht, daß der Weg Columbans des Jüngeren ins Frankenreich und damit in den Geltungsbereich einer betont episkopalen Kirchenorganisation, in der das Bischofsamt, wie noch zu zeigen sein wird, zusätzlich an politischer und gesellschaftlicher Bedeutung gewonnen hatte, von Schwierigkeiten grundsätzlicher Natur begleitet war, die durch Columbans kompromißlosen persönlichen Charakter noch verschärft wurden, beispielsweise in seinen Auseinandersetzungen mit der Merowingerkönigin Brunichilde. Wichtiger waren allerdings die Differenzen mit der fränkischen Kirchenorganisation, von denen anderenorts noch die Rede sein wird.

2. Politische und sozialstrukturelle Voraussetzungen des altgallischen Mönchtums im 5./6. Jahrhundert

Die politisch-gesellschaftlichen Voraussetzungen der durch Cassian wesentlich mitgeformten „modernen“ Klosterkultur gilt es nun genauer ins Auge zu fassen. In der Tat spielte die konkrete politisch-militärische Situation am Beginn des 5. Jahrhunderts eine wesentliche Rolle und akzentuierte Entwicklungen, die sich damals anbahnten, in bemerkenswerter Weise. Die Gründung des wichtigsten südgallischen Klosters *Lérins* bei Cannes durch den hl. Honoratus (um 410) fiel in jene schicksalsschwere Epoche der westlichen Reichshälfte, als unter den Schlägen großer germanischer Invasionen Britannien und Nordostgallien geräumt, der kaiserliche Hof von Trier nach Mailand und dementsprechend auch die Praefectura Galliarum von Trier nach dem geschützteren Arles verlegt werden mußten.[1] Nachweislich besteht ein ursächlicher Zusammenhang zwischen der Räumung Nordostgalliens, dem Weggang der dortigen gallorömischen Oberschicht nach dem noch sicheren Süden und der Gründung von *Lerinum-Lérins* bei Cannes.[2] Dieses bedeutendste Kloster Südgalliens, Zentrum des Semipelagianismus und Pflanzstätte für den hohen gallischen Klerus im 5. und auch noch im 6. Jahrhundert, wurde nämlich von Mitgliedern der geflüchteten gallorömischen Aristokratie gegründet und im wesentlichen getragen. Das gilt bereits für den Gründer *Honoratus* und seinen Verwandten *Hilarius,* beide waren nach klösterlichen Jahren in Lérins später Metropoliten von Arles, ebenso für *Lupus von Troyes,* den Schwager des Hilarius, der aus Toul an der oberen Mosel stammte, seine Güter in Macon verkaufte und nach monastischem Aufenthalt in Lérins Bischof von Troyes wurde. Dasselbe gilt für *Vincentius von Lérins,* den Verwandten des Lupus von Troyes, für *Salvian von Marseille,* der eng mit Lérins verbunden war und entweder aus Köln oder Trier stammte, und schließlich auch für *Faustus von Riez,* der im Zusammenhang mit der militärischen Räumung Britanniens nach Südgallien und auf die Insel Lérins kam und als Bischof von Riez und Hauptrepräsentant des Leriner Semipelagianismus eine wichtige Rolle spielte.

So karg die Nachrichten und Bischofslisten Galliens im 5. und 6. Jahrhundert hinsichtlich der Herkunft und Ausbildung der Bischöfe sein mögen, zwei Fakten ergeben sich dennoch zweifelsfrei: erstens die Tatsache, daß die überwiegende Mehrzahl der hohen kirchlichen Würdenträger dem gallorömischen Senatorenadel entstammte,[3] und zweitens, daß der Anteil von Bischöfen aus Lérins und anderen monastischen Zentren gerade damals sehr beträchtlich gewesen ist.[4] Mönche meist aristokratischer Herkunft auf gallischen Bischofsstühlen gab es in dieser Epoche in Arles, Marseille, Narbonne, Albi, Lyon, Genf, Clermont, Autun, Poitiers, Tours, Avranches, Chartres, Paris, Troyes, Langres und anderen Bistümern. Schüler von Lérins-Zöglingen saßen als Bischöfe in Chalons-sur-Marne, Verdun und Trier. Wichtig ist in diesem Zusammenhang auch Bischof *Germanus von Auxerre*, der mit Hilarius von Arles eng befreundet war und in seiner Bischofsstadt aus eigenem Besitz Klöster gründete und förderte.[5] Ebenso gehören hierher auch die Klostergründungen bzw. die Förderung von Klöstern in Reims am Ende des 5. Jahrhunderts, die uns durch die echten Teile des *Remigius*-Testaments bezeugt sind[6] und die kirchlich-monastische Restauration Triers unter dem großen südgallischen Bischof *Nicetius* (525/26–561).[7]

Damit sind wir bei einer der wichtigsten sozialstrukturellen Voraussetzungen für das Aufblühen monastischer Kultur im lateinischen Westen, nämlich bei der *bischöflichen Stadtherrschaft* und deren Bedeutung für den Übergang spätantik-christlicher Kultur- und Gesellschaftsformationen in die frühmittelalterliche Welt.[8] Nach dem Zusammenbruch des von Diokletian geschaffenen spätantiken Verwaltungsgerüstes und politisch-militärischen Überbaus, einem Zusammenbruch, der im Westen mit dem Beginn des 5. Jahrhunderts einsetzte, wurde die darunterliegende regionale Herrschaftsstruktur der vom Stadtbischof entweder unmittelbar oder mittelbar beherrschten und maßgeblich beeinflußten Civitas das wichtigste Element der Fortdauer und des Überlebens spätantik-christlicher Zivilisation. Man könnte die Stadt mit dem bischöflichen Stadtherren an der Spitze als einen „christlichen Ersatzstaat" bezeichnen, der sich bei zunehmendem Verfall des eigentlichen Staates ständig mit politisch-militärischen Kompetenzen anreicherte, Rechtsprechung, Befestigungswesen, Lebensmittelversorgung und andere staatliche Funktionen an sich zog und in Gallien zwischen dem 5. und 7. Jahrhundert ein Staat im Staate geworden ist. An der Spitze dieser vielen, teilweise mächtigen „Civitas-Republiken" stand als Bischof und Stadtherr in der Regel ein Mitglied des gallorömischen Senatorenadels. Mailand unter dem hl. Ambrosius und Rom unter Papst Leo dem Großen (440–461) unterscheiden sich typologisch kaum von diesem geistlichen Stadttypus der Übergangsepoche in Gallien, der uns im literarischen Werk Gregors von Tours in mannigfacher Weise immer wieder begegnet, und dessen Macht im Grunde erst Karl Martell am Beginn des 8. Jahrhunderts gebrochen hat.[9]

Wichtig ist dabei die Tatsache, daß im Verlaufe der Umorganisierung der Civitates seit dem Beginn des 5. Jahrhunderts zu Städten mit geistlicher Spitze auch diese Städte selbst bis in die Topographie hinein umstrukturiert werden, und daß damit den Klöstern im städtischen Bereich von selbst eine neue Funktion zuwächst. Waren sie in der ersten Phase der monastischen Entfaltung, die uns in Italien und Gallien in der 2. Hälfte des 4. Jahrhunderts klar entgegentritt, eher private Vereinigungen am Rande der christlichen Stadtgemeinde und oft als Asketenvereinigungen und Jungfrauenzirkel aus privater Munifizenz reicher Aristokraten und adliger Damen entstanden,[10] so werden sie seit dem 5. Jahrhundert in dem neuen Gefüge bischöflicher Stadtherrschaft wichtige Stützpunkte der Macht des Bischofs – und dies nicht nur im rein geistlich-asketischen Bereich. Es kommt zu einer auch archäologisch feststellbaren topographischen Umpolung in den alten Civitates, die politisch und gesellschaftlich funktionslos gewordenen Foren im Zentrum veröden, und dafür entstehen neue Siedlungszentren bei Märtyrerkirchen und Klöstern am Rande der spätantiken Stadt. Wenn auch kein Zweifel darüber bestehen kann, daß die Völkerwanderungsepoche zu einem generellen Rückgang städtischen Lebens geführt hat, so zeigen doch neuere Untersuchungen, daß manches Phänomen, das bislang als allgemeiner Verfall städtischen Lebens angesehen wurde, mindestens teilweise als politisch-kirchliche Umstrukturierung innerhalb des Stadtbereichs zu interpretieren ist. Das gilt für Italien und Rom, für Aquitanien und die Provence ebenso wie für die bedrohten Randzonen des ehemaligen Imperium Romanum, etwa für Reims[11] und für die Kaiserresidenz Trier.[12] Der Kranz spätantiker Kultstätten und Klöster um den alten Trierer Civitas-Kern – St. Martin, St. Maximin, St. Eucharius, St. Matthias etc. – zeigt sehr anschaulich diese siedlungsmäßige Umpolung einer durch die Germaneneinfälle schwer in Mitleidenschaft gezogenen Metropole und ebenso die wachsende Bedeutung klösterlicher Niederlassungen in diesem Strukturwandel. Innerhalb der Trierer Stadtmauern blieb der konstantinische Dom und der kaiserliche Palast mit der Basilika, auf den nördlichen und südlichen Gräberfeldern vor der Stadt aber finden sich zahlreiche Kirchen, die entweder von vermögenden Aristokraten oder vom bischöflichen Stadtherren ins Leben gerufen worden sind. Das Trierer Hauptkloster St. Maximin erfuhr seine entscheidende Förderung durch Bischof *Nicetius*, den Erneuerer der Civitas Treverensis.

Es ist daher sicher kein Zufall, daß in dieser Epoche bischöflicher Prädominanz in den Civitates eine erste Welle städtischer Klostergründungen einsetzt, wobei die maßgebliche Rolle des Bischofs auch bei den Gründungsumständen und bei den frühen Privilegierungen klar zutage tritt. So gründeten sowohl Hilarius, Caesarius und Aurelian von *Arles* in ihrer Bischofsstadt wichtige Klöster, desgleichen Bischof Germanus und Bischof Aunacharius in *Auxerre*. In *Autun* rief bereits im 4. Jahrhundert Bischof Cassian ein Coenobium ins Leben, Ende des 6. Jahrhunderts gründete Bischof Syagrius zusammen mit der Burgunderkönigin Brunichilde die Abtei St. Andochius, in *Bourges* stiftete Bischof Desideratus (vor 550) das Kloster St. Symphorian. Über die bischöflichen Klöster in *Le Mans* gibt das Testament des Bischofs Bertichramnus im Jahr 615, d.h. am Ende des hier zu behandelnden Zeitraumes, Auskunft. Bischöflichen Ursprungs sind die *Metzer* Klöster St. Stephan und St. Symphorian; St. Germain-des-Près in *Paris* verdankt dem Bischof Germanus und König Childebert I. seine Entstehung, die hl. Radegunde stiftete in der 2. Hälfte des 6. Jahrhunderts mit Hilfe des Bischofs Pientius ihr berühmtes Nonnenkloster in *Poitiers*.[13]

Diese wenigen Beispiele mögen hier genügen, wobei nicht zu vergessen ist, daß wir infolge der vielfach unsicheren Quellenlage für zahlreiche weitere Stadtklöster die maßgebliche Rolle des Bischofs oft nur vermuten können.

Der letzte und m.E. entscheidende Schritt der Integration des Mönchtums in die merowingische Gesellschaft wurde in dem Augenblick getan, als mit der Reichsgründung *Chlodwigs* die fränkischen Herrscher als potente Förderer und Wohltäter der Klöster in Erscheinung traten. Die hierbei zutage tretende Zusammenarbeit von Königtum und Episkopat hatte auch eine hochpolitische Seite, da es sich hier nicht nur, wie es formal erscheinen mag, um eine Kooperation zwischen weltlicher und geistlicher Gewalt handelte, sondern um ein Zusammenwirken von bischöflicher Stadtherrschaft und Königsherrschaft, also um im Grunde politische Vorgänge, die den Gründungsakt begleiteten. Erinnert sei an den bei Gregor von Tours überlieferten zornig-resignierenden Ausruf König *Chilperichs I.* († 584) über die bischöflichen Stadtherren: „Siehe, unser (Staats-)Schatz ist arm und unser Reichtum ist an die Kirche gefallen; keiner herrscht jetzt überhaupt, als allein die Bischöfe, unsere Macht ist dahin und an die Bischöfe der Städte gefallen."[14] Klostergründungen in Bischofsstädten, auch wenn sie der König dotierte und zu Heiligtümern und Grablegen seiner Familie machte, verstärkten gleichzeitig die bischöfliche Stadtherrschaft. Diesen Doppelaspekt königlicher Klostergründungen der frühen Merowingerzeit muß man sich vor Augen halten, er gilt in besonderem Maß für Klöster, die vom Königtum materiell ausgestattet oder privilegiert, aber nicht selbst gegründet worden sind. Die wichtigsten dieser Stiftungen des 6. Jahrhunderts waren: Arles-St. Pierre, ein Kloster mit Xenodochium in Lyon, St. Marcel in Chalon-sur-Saône, St. Andochius und ein Marienkloster in Autun, St. Germain in Auxerre, das Kloster der Ingytrudis in Tours, St. Croix in Poitiers, St. Germain-des-Près in Paris, St. Médard in Soissons, St. Pierre-le-Vif in Sens und die Stiftung des Burgunderkönigs Sigismund: Agaunum-St. Maurice im Wallis. An Königsgrabkirchen, bei denen schon früh geistliche Gemeinschaften entstanden, sind ferner zu nennen: Paris-St. Denis und St. Geneviève, Reims-St. Remi und möglicherweise St. Cloud in Paris.[15]

Die Reihe der königlichen Klostergründungen verbindet die merowingischen Gründungen nach spätantik-altgallischen Klosterregeln im Bereich der alten Civitates mit den zahlreichen merowingischen und später karolingischen königlichen Monasteria des 7. und 8. Jahrhunderts, die unter irofränkischem Einfluß entstanden. Waren bereits die bischöflichen Klöster durch ihren Besitz von Land und Leuten eine enge, praktische Verbindung des monastischen Lebens mit der Gesellschaft der Civitates eingegangen, so läßt sich für die Königsklöster und die vom Königtum materiell geförderten oder privilegierten Stiftungen eine zusätzliche politisch-herrschaftliche Verklammerung „nach oben", d. h. mit der politischen Struktur des Merowingerreiches, feststellen. Dasselbe gilt für die Flut von *Königs- und Adelsklöstern,* die seit der Wende vom 6. zum 7. Jahrhundert in Zusammenhang mit der neuen monastischen Welle des *irofränkischen Mönchtums* überall im Frankenreich entstanden und deren Kennzeichen und innere Organisationsform die kombinierte Benedikt-Columbanregel ist.[16] Mit dieser neuen irofränkischen Phase, die nunmehr entschieden den Bereich spätantiker und frühmerowingischer Stadtzivilisation verläßt und den Typus der ländlichen Klosterherrschaft, des Adels- und Familienklosters entwickelt, beginnt sowohl das Frühmittelalter als auch die mittelalterliche Adelsgesellschaft.[17] Seine letzte Ausprägung und Vollendung erhält dieser neue Klostertypus im geistlich-sozial-wirtschaftlichen Kosmos des karolingischen Reichsklosters, wie er uns klar im schon erwähnten *St. Galler Klosterplan* entgegentritt.

Normative Voraussetzung des neuen abendländischen Klostertyps war jene monastische Lebensordnung, die in maßvoller, humaner Weise das innere Leben mönchischer Gemeinschaften regelte und zugleich Verhaltensweisen gegenüber der laikalen Außenwelt festlegte, die sich auch in der gewandelten Gesellschaft des Frühmittelalters als tragfähig erweisen sollten. Einer der Gründe für den letztlichen Erfolg der Regel Benedikts von Nursia liegt sicher in der Tatsache begründet, daß dieselbe nicht nur eine innerklösterliche Lebenspraxis in der Nachfolge Christi entwickelte, sondern auch der Beziehung zur Gesamtgesellschaft jene festen Normen gab, die den Mönch zwar von der Außenwelt trennte, letztere aber nicht zu einer teuflischen Gegenwelt verzerrte.

3. Die Ausbreitung der Regula Benedicti

Die Regula Benedicti ist bekanntlich nicht die erste und einzige Klosterregel, die in Gallien und danach im Frankenreich Fuß faßte, wenn sie dann auch alle anderen Klosterordnungen verdrängte und schließlich, seit dem ausgehenden 8. Jahrhundert, in der Epoche Benedikts von Aniane, beinahe allein die bestimmende monastische Lebensordnung geworden ist. Die älteren Mönchsregeln waren damals gleichsam schon „historisch", so daß Karl der Große 811 einer Synode die Frage nach den vorbenediktinischen Wurzeln des gallischen Mönchtums seit Martin von Tours vorlegen konnte: „Qua regula monachi vixissent in Gallia, priusquam regula s. Benedicti in ea tradita fuisset, cum legamus sanctum Martinum et monachum fuisse et sub se monachos habuisse, qui multo ante s. Benedictum fuit?"[1] Die Frage des Kaisers galt einer reich entfalteten monastischen Kultur Galliens und des Merowingerreiches, die im Jahre 811 offenbar schon weitgehend aus dem allgemeinen Bewußtsein verschwunden war, nicht zuletzt durch die Entstehung eines benediktinischen „Reichsmönchtums" in der Epoche zwischen Bonifatius und Benedikt von Aniane. Was vom benediktinischen Mönchtum aufgesogen, integriert oder schlechthin beiseite geschoben worden ist, war in Gallien und im Merowingerreich eine Vielfalt monastischer Lebensformen mit zum Teil hochbedeutenden Zentren, von denen bereits oben die Rede war.[2] Die frühesten Spuren genuin benediktinischen Einflusses weisen im 6. Jahrhundert nach Südgallien, wo um 558 Bischof Ferreolus von Uzès für seine eigene Klostergründung eine Regel von 39 Kapiteln verfaßte, die im wesentlichen aus den Regeln der Bischöfe Caesarius und Aurelian von Arles kompiliert war. Man hat aber auch angenommen, daß Elemente der Regula Benedicti unmittelbar in diese Klosterordnung eingegangen sind, speziell in den Kapiteln 2, 5, 26, 29, 37 und 39.[3] Zwingend sind die zweifellos vorhandenen Parallelitäten allerdings nicht, man kann sie auch, wie es G. Holzherr getan hat, als monastisches Gemeingut auffassen, von dem sowohl Benedikt als auch Ferreolus gezehrt haben.[4] Ganz gleich jedoch, ob Bischof Ferreolus die Regula Benedicti kannte und verwendete oder nicht, feststeht, daß sein Kloster kein aktives Ausstrahlungszentrum benediktinischer Mönchspraxis wurde.

Man hat nun lange gemeint, Papst Gregor der Große sei der wichtigste Vermittler und Propagator der Regula Benedicti im lateinischen Westen gewesen, und man berief sich dabei u. a. auf Gregors ‚Dialoge', worin bekanntlich dem Leben Benedikts breiter Raum gewidmet ist. Seit Kassius Hallingers wichtiger Studie über Papst Gregor den Großen und den hl. Benedikt ist man aber hinsichtlich der Vermittlerrolle des großen Papstes bei der Ausbreitung der Benediktregel wesentlich skeptischer geworden. Gregor war selbst weder Benediktiner noch organisierte er seine eigene römische Klostergründung St. Andreas nach der cassinensischen Ordnung, und im Regelbuch Isidors von Sevilla, des Freundes Gregors, ist die Regula Benedicti ebenfalls nicht vertreten.[5] Nimmt man die Wirkungsgeschichte der Regel Benedikts insgesamt, dann bleiben die frühen Entwicklungsphasen des Benediktinertums vor und nach der Zerstörung Montecassinos durch die Langobarden (577) in ein merkwürdiges Dunkel gehüllt. Für Rom ist dabei die Feststellung wichtig, daß es keine quellenmäßigen Anhaltspunkte dafür gibt, daß die Regel Benedikts vor dem 10. Jahrhundert die beherrschende Lebensordnung eines Klosters gewesen ist. Weder für die vatikanischen Basilikalklöster kann die cassinensische Regel angenommen werden noch für das Laterankloster, auch wenn dort im 6. Jahrhundert nach dem Zeugnis Papst Gregors des Großen Valentinianus, ein Schüler Benedikts, als Abt wirkte. Insgesamt sind die Quellen zur frühen Klostergeschichte Roms spärlich, und dies nicht als Folge außergewöhnlicher Verluste an schriftlichen Traditionen, sondern vor allem deshalb, weil die römischen Klostergemeinschaften spätestens seit Gregor dem Großen fest in die kirchlich-päpstliche Gesamtorganisation eingegliedert waren, zumeist auch als päpstliche Gründungen entstanden sind und daher nicht jene ausgeprägte, historisch so folgenreiche Sonderentwicklung nehmen konnten wie im Frankenreich, in Irland und im angelsächsischen Bereich. Ein vielfältiges Nebeneinander von verschiedenartigsten Regeln ist für Rom mit Sicherheit anzunehmen, die Regula Benedicti jedoch wird nirgends expressis verbis erwähnt; sie mag aber verschiedentlich durchaus zusammen mit anderen Klosterordnungen eine Rolle gespielt haben, eine Sonderstellung hat sie dann aber keineswegs eingenommen. Noch eine Synode unter Papst Eugen II. spricht 826 nur ganz allgemein von der Einhaltung der „statuta regularum" – der Plural ist hier aufschlußreich für eine Epoche, in der sich ansonsten unter fränkisch-karolingischem Einfluß bereits eine philologisch wesentlich verbesserte Fassung der

Hl. Schrift im lateinischen Westen wie auch in Rom durchsetzte und sich ebenso, als Zeichen der intensiven kirchlich-politischen Wechselwirkungen zwischen dem Karolingerreich und Rom, eine gemeinsame römisch-fränkische Liturgiereform erkennen läßt.[6] Aber erst unter der Stadtherrschaft Alberichs konnte durch Abt Odo von Cluny die Benediktinerregel in Rom als jene überragende Klosterordnung heimisch gemacht werden, die sie im übrigen Europa durch die Breitenwirkung des fränkisch-karolingischen Klosterwesens längst war.

So stellt sich um so dringlicher die Frage nach Art und Zeitpunkt der Umstände, unter denen der cassinensischen Regel der Siegeszug im Westen und Norden Europas möglich geworden ist. In der neuesten Edition der Regula Benedicti hat Adalbert de Vogüé wiederum Papst Gregor den Großen als die entscheidende Vermittlerfigur bezeichnet, durch dessen Eintreten für die cassinensische Klosterordnung der hl. Columban die Benediktregel unmittelbar kennengelernt und mit seiner eigenen rigoroseren Klosterordnung kombiniert habe.[7] Nun ist es zweifellos richtig, daß Columban mit diesem großen Papst in brieflicher Verbindung stand,[8] für den Nachweis einer direkten Vermittlung Benedikts durch diesen Papst reicht dieses Faktum allerdings kaum aus, vor allem wenn man sich Kassius Hallingers Argumentation anschließt, daß Papst Gregor der Große eben kein Propagator von dessen Regel gewesen ist. Dennoch bleibt es Tatsache, daß die cassinensische Klosterordnung bereits in den frühen Filialklöstern von Columbans Hauptgründung Luxeuil auftaucht, und zwar als benediktinisch-columbanische Mischregel.[9] Ebenso ist anzunehmen, daß bereits in Columbans eigener Regel – ihre nicht zweifelsfreie Authentizität vorausgesetzt! – Elemente der Regula Benedicti Eingang gefunden haben. Jonas von Bobbio, Angehöriger und Biograph der columbanischen Klosterbewegung, weiß zu berichten, daß einer der ersten Schüler Columbans in Luxeuil, Bischof Donatus von Besançon, in seiner Bischofsstadt ein Männerkloster „in amore beati Columbani ex ipsius regula" gegründet habe, ebenso aber auch ein Frauenkloster, dessen Regel uns erhalten ist und die auf den Klosterordnungen des Caesarius von Arles, Benedikts und Columbans beruht.[10] Bemerkenswert an dieser Regelkombination ist, daß die Regula Benedicti mit 43 Kapiteln den Hauptteil der Donatusregel stellt, dann folgt Caesarius und erst an letzter Stelle Columban. Wenn aber ein früher Schüler Columbans bereits die Regula Benedicti kannte und hauptsächlich in seiner eigenen Regelschöpfung verwendete, dann liegt es nahe, daß die cassinensische Klosterordnung bereits zu Columbans Lebzeiten in Luxeuil und dessen Filiationen bekannt war und praktiziert wurde. Schon Mabillon hat dies vermutet und Adalbert de Vogüé nahm diesen Gedanken unter Hinweis auf die briefliche Verbindung zwischen Columban und Papst Gregor dem Großen wieder auf.[11]

Mit dieser Annahme sind allerdings immer noch nicht die schwerwiegenden Argumente Kassius Hallingers gegen das ,,Benediktinertum" Gregors des Großen ausgeräumt, so daß m. E. auch noch eine andere Möglichkeit der Rezeption der Regula Benedicti in Gallien erwogen werden muß. Es fällt nämlich auf, daß Südgallien als Relais-Station bei der Ausbreitung der Benediktregel eine entscheidende Rolle gespielt hat, da die früheste Erwähnung dieser Regel diesem Raum zugeordnet ist. Die Nachricht darüber stammt aus dem Brief eines Abtes Venerandus, der uns zwar nur in einer Abschrift des 15. Jahrhunderts überliefert ist, den aber Ludwig Traube aufgrund seines altertümlichen, verwilderten Lateins mit Recht für merowingisch erklärt hat.[12] Dem Brief ist zu entnehmen, daß Abt Venerandus vor einigen Jahren das Kloster Altaripa gegründet und unter die Aufsicht des zuständigen Bischofs Fibicius von Albi gestellt habe. Fibicius ist der Onkel und Amtsvorgänger des Briefempfängers Constantius, der zwischen 620 und 630 als Bischof von Albi in den Unterschriften mehrerer Konzile bezeugt ist und der uns außerdem, was in unserem Zusammenhang wichtig ist, im Briefwechsel des Bischofs Desideratus von Cahors begegnet. Der Brief des Abtes Venerandus, der wohl Abkömmling einer senatorischen Familie Südgalliens gewesen ist,[13] bildet zugleich das Vorwort eines Buches, dessen Inhalt die Lebensordnungen des Klosters Altaripa war, nämlich die Regel des römischen Abtes Benedikt: ,,Regulam sancti Benedicti abbatis Romensis, quam praesens continet liber." Die Bezeichnung Benedikts als römischer Abt ist selten und altertümlich und spricht für die Echtheit des Briefes, dem somit zu entnehmen ist, daß unter dem Amtsvorgänger des Bischofs Constantius, also im ersten Viertel des 7. Jahrhunderts, in Altaripa die erste rein benediktinisch organisierte Klostergemeinschaft des Frankenreiches entstand. Da dieses Kloster, dessen nähere Lokalisierung fraglich ist, jedoch keinerlei Bedeutung erlangte, wird man sich fragen müssen, ob die Flut benediktinischer Klostergründungen im 7. und 8. Jahrhundert von dieser südgallischen Zelle in der Diözese Albi ausgegangen sein kann. Wenn aber weder das Ferreoluskloster in Uzès als Ansatzpunkt benediktinischen Geistes gelten kann, noch die Missionsmönche aus dem Andreaskloster in Rom, die Papst Gregor der Große unter ihrem Abt Augustin nach England schickte, bei ihrer Durchreise durch Gallien die Benediktinerregel dort bekannt machten, weil nämlich ihr römisches Stammkloster gar nicht benediktinisch organisiert war,[14] und wenn schließlich und endlich auch die Einführung der Regula Benedicti in Altaripa keine Epoche gemacht hat, wie läßt sich dann der stürmische benediktinische Frühling im Frankenreich erklären?

Die treibende Kraft bei der Ausbreitung und Rezeption der benediktinischen Lebensordnung war nicht Südgallien und erst recht nicht Italien, sondern jene monastische Gründungswelle des 7. und 8. Jahrhunderts, die mit dem Terminus „irofränkisch" charakterisiert werden kann.[15] Die Bezeichnung „irofränkisch" bedarf insofern einer Erklärung, als sie als eine Gegenposition gegen die Überschätzung des irischen Mönchtums im Frankenreich des 7. und 8. Jahrhunderts verstanden werden will, welche die Forschung lange Zeit beherrscht hat. Irofränkisches Mönchtum wird daher jene große monastische Gründungswelle genannt, die vor allem im 7. Jahrhundert und im ersten Drittel des 8. Jahrhunderts die Gebiete zwischen Loire und Rhein erfaßte und die ihren Erfolg zum großen Teil der Initiative des fränkischen Adels verdankte. Ein weiteres Moment ist für dieses neue Mönchtum wesentlich: so sehr sich das Mönchtum Martins von Tours und seiner Schüler und das monastische Leben der Provence und anderer Zentren in ihren Organisationsformen und in ihrem geistigen Niveau auch unterschieden haben mögen, sie waren doch alle aus dem spätantiken mittelmeerischen Kulturraum hervorgegangen, alle standen in antik-christlichen Traditionen und unter dem monastischen Einfluß des Orients. Bis zum Jahre 590, als der irische Mönchsvater und Missionar Columban mit zwölf Gefährten im Frankenreich erschien, hatten die alten Klöster in Tours, Lérins, Marseille, Arles, Vienne, Lyon, Autun, Auxerre, Paris und Poitiers sowie deren Filiationen auf monastischem Gebiet die unbestrittene Herrschaft im Merowingerreich. Ethnisch wurde dieses altgallische Mönchtum fast ausschließlich von Galloromanen getragen. Mit dem Auftreten Columbans und anderer irischer Mönche auf dem Festlande änderte sich nicht nur die ethnische Zusammensetzung der Klosterinsassen wesentlich, sondern auch in der monastischen Organisationsform, im Verhältnis der Klöster zu den Bischöfen und in den Beziehungen zum fränkischen Königtum und Adel traten entscheidende Wandlungen ein. Columbans Klöster Luxeuil, Annegray und Fontaines in den Vogesen und ebenso die von Columban beeinflußten Nachfolgegründungen beanspruchten nach irischer Gewohnheit eine größere Selbständigkeit gegenüber der Diözesangewalt, es kam zu langwierigen Auseinandersetzungen mit den fränkischen Bischöfen, die Columban und sein Nachfolger im Abtamte, Eustasius, auszufechten hatten. Letzterer ließ sich dann offenbar zu einem Kompromiß herbei, denn zahlreiche irisch beeinflußte fränkische Klostergründungen des 7. Jahrhunderts zeigen bedeutende Sonderrechte der Klöster gegenüber den zuständigen Bischöfen. Andererseits war damit auch die Integration dieser irofränkischen Klöster in den Diözesanverband vollzogen. Ihr organisatorisches Hauptmerkmal war die „Regula mixta", eine im Bereich von Luxeuil vollzogene Kombination von Benedikt- und Columbanregel, wobei von Anfang an die Regula Benedicti anteilmäßig das Übergewicht besaß und schon seit der zweiten Hälfte des 7. Jahrhunderts die anderen Bestandteile der Mischregel zu verdrängen begann, worüber noch einiges zu sagen sein wird.

Ebenso wichtig wie die innere Organisation der von Luxeuil beeinflußten Klostergemeinschaft war aber die Tatsache, daß Columban von Anfang an in eine enge Beziehung zur fränkischen Reichsgewalt trat, d.h. zum Königtum und zur merowingischen Reichsaristokratie, speziell zum Pariser Hofadel. Die unmittelbare Folge dieser Verbindung war ein starker Zustrom junger fränkischer Adeliger nach Luxeuil, wodurch das Kloster erst seine ungewöhnliche Breiten- und Tiefenwirkung erhielt.[16] Die Filiationen Luxeuils im engeren Sinne spielten dabei eine geringere Rolle. Von größter Bedeutung waren dagegen jene aristokratischen Bischöfe des Frankenreiches, die selbst aus Luxeuil kamen oder das neue irofränkische Mönchtum tatkräftig gefördert hatten. Aus dem Vogesenkloster selbst hervorgegangen sind die Bischöfe Donatus von Besançon, Chagnoald von Laon, Acharius von Vermandois, Noyon und Tournai, Ragnachar von Augst und Basel, Audomar von Boulogne und Thérouanne, Leudoin-Bodo von Toul und Mummolenus, zuerst Abt von St. Bertin, später Bischof von Noyon. Wahrscheinlich gehörten auch Theodefrid von Amiens, Autbert von Cambrai und Ermenfred von Verdun zu dieser Gruppe.

Donatus, Sohn des burgundischen dux Waldelenus und Schüler Columbans, gründete als Bischof von Besançon ein Männerkloster nach der kombinierten Benedikt-Columbanregel und schrieb für das Nonnenkloster seiner Mutter eine eigene, aus den Regeln Benedikts, Columbans und Caesarius' von Arles zusammengestellte Klosterordnung.[16a] Dem Luxeuiler Wirkungskreis zuzusprechen sind ferner die Bischöfe Theodefrid von Amiens, Autbert von Cambrai, Ermenfred von Verdun und Numerian von Trier. Hinzu kommen jene fränkischen Bischöfe, die zwar nicht selbst aus dem burgundischen Musterkloster stammten, die aber als Mitglieder der merowingischen Reichsaristokratie und als ehemalige Hofbeamte die eifrigsten und einflußreichsten Förderer des neuen irofränkischen Mönchtums wurden und bereits oben in anderem Zusammenhang behandelt worden sind.[17]

Die zweite Gruppe von Bischöfen, welche die Sache des neuen irofränkischen Mönchtums tatkräftig unterstützten, entstammte vornehmlich dem hohen Pariser Hofadel, der merowingischen „schola palatii". Nach dem Tode der burgundischen Königin Brunichilde, die eine Feindin Columbans geworden war, stieg seit dem Jahre 613 Paris unter König Chlothar II. wiederum zum Macht- und Kulturzentrum des Frankenreiches auf. Columban hatte selbst noch die Verbindung zwischen der merowingischen Reichszentrale Paris und Luxeuil geknüpft, sein Nachfolger Eustasius gestaltete sie noch enger. Der Erfolg kam, als eine stattliche Reihe hoher merowingischer Hofbeamter die Sache des Luxeuiler Mönchtums zu der ihrigen machten. Mit anderen Worten: Aus dem ursprünglich irischen Impuls, den Columban der monastischen Entwicklung im Frankenreich gegeben hatte, wurde eine fränkische Angelegenheit, das neue, nun vornehmlich von Franken und Galloromanen getragene Klosterwesen setzte sich als eine eng mit der fränkischen Herrschaftsstruktur verknüpfte monastische Lebensform gegen das altgallische Mönchtum von Lérins und Tours ab und reformierte es schrittweise. Eine Anzahl berühmter Bischöfe und Klostergründer entstammte jenem erwähnten Pariser Hofkreis, unter anderem der große Erzbischof und neustrische Politiker Audoenus von Rouen, ebenso Ansbert von Rouen, Bischof Eligius von Noyon, ehemals Hofgoldschmied und Minister des Merowingerkönigs Dagobert I. Ferner gehörten zu diesem Kreise Bischof Burgundofaro von Meaux, Bischof Sulpitius von Bourges und die Bischöfe Rusticus und Desiderius von Cahors. Wichtige Klostergründungen des Pariser Bekkens, z.B. Rebais-en-Brie, Jouarre, Faremoutiers und Meaux verdankten ihre Entstehung jenen fränkischen Großen am Königshofe, die der geistliche Anruf des irischen Klostergründers aus den Vogesen erreichte. Ein weiteres Zentrum von irofränkischen Klöstern, die der columbanisch beeinflußten Pariser Hofgesellschaft ihre Entstehung verdankten, findet sich am Unterlauf der Seine. St. Wandrille und Jumièges waren dort die Hauptgründungen; Audoenus von Rouen und seine asketischen Helfer und Schüler Wandregisel, Filibert, Geremar und Ansbert sind die tragenden Gestalten dieses monastischen Frühlings in Nordfrankreich, der ebenfalls unter dem Zeichen Columbans stand.

Die Bewegungsrichtung der Ausbreitung des Mönchtums, die bis 590, zusammen mit anderen Kulturbewegungen der Spätantike, rhoneaufwärts nach Norden ins Pariser Becken gegangen war, ändert sich im 7. Jahrhundert gleichsam um 180 Grad und überformte von Norden aus erstmals den bis dahin kulturell führenden Süden. Diese irofränkischen Klostergründungen im merowingischen Kerngebiet zwischen Loire und Rhein setzten mit der Verbindung von Benedikt- und Columbanregel ein neues Vorbild innerer Organisation, und sie gaben auch hinsichtlich der materiellen Sicherung der Klostergemeinschaften ein Muster, denn sie entstanden zumeist als Klostergrundherrschaften auf Besitzungen des fränkischen Adels. Der Typ des adeligen Haus- und Eigenklosters, der für das gesamte Mittelalter konstitutiv geworden ist, beginnt sich innerhalb des irofränkischen Mönchtums auszubilden. Das merowingische Königtum, das bereits die altgallischen Klöster tatkräftig gefördert hatte, entfaltete eine großartige Initiative bei der Gründung und Dotation der neu entstehenden irofränkischen Klöster. *Dagobert I.* gründete zusammen mit seinem ehemaligen Hofbeamten Eligius, dem späteren Bischof von Noyon und Freund Bischof Audoenus' von Rouen, das irofränkische Musterkloster Solignac bei Limoges, er beteiligte sich an der Stiftung von St. Amand (Elnone) in Belgien, trug als Schenker zur materiellen Sicherung von Rebais-en-Brie bei und privilegierte diese vorbildliche Neugründung Audoens, wohingegen das von Dagobert erneuerte und beschenkte Königskloster St. Denis kaum zu den Abteien nach Luxeuiler Vorbild zählen dürfte.[18] Dagoberts älterer Sohn *Sigibert III.* (633/34–656) gründete zusammen mit dem Pippiniden Grimoald das Doppelkloster Stablo- Malmedy als irofränkische Abtei und beteiligte sich an der Stiftung des Klosters St. Martin vor Metz. Dagoberts zweiter Sohn *Chlodwig II.* (640–657) stiftete mit seinem Hausmeier Erchinoald das Irenkloster Lagny bei Paris, er beschenkte und privilegierte St. Bertin-Sithiu und förderte die Gründung von Montier-la-Celle bei Troyes. Seine Witwe, die Angelsächsin *Balthilde,* stiftete *Corbie* „sub regula sancti Benedicti vel sancti Columbani" und ließ sich aus Luxeuil Mönche kommen; unter ihnen war auch der Abt Theodefrid, wahrscheinlich später Bischof von Amiens. Als Zentrum der Literatur trug Corbie mit seiner berühmten Schreibschule wesentlich zur Entstehung der karolingischen Minuskel bei, Balthildes zweite Gründung, zugleich ihr Alterssitz, wurde *Chelles-sur-Cher.* Merowingerkönige stifteten bzw. statteten mit Grundbesitz aus die irofränkischen Klöster St. Maur-des-Fossés bei Paris, Lagny, Fécamp, Barisis-au-Bois, Fleury-sur-Loire, Sens-St. Pierre, Montierender, Bèze, Luxeuil, Annegray, Fontaine, St. Dié, Senones u.a. Die Frühkarolinger (Pippiniden und Arnulfinger) gründeten oder dotierten unter anderem Nivelles, Lobbes, Fosses, Andenne, St. Trond, Stablo-Malmedy, St. Martin in Metz und Maursmünster. Bei der Gründung von Trier-Oeren, Echternach und Prüm arbeiteten jedoch die Karolinger bereits mit der neuen monastischen Welle der angelsächsisch-benediktinischen Mission zusammen, die die irofränkische Phase im 8. Jahrhundert ablöste; doch stand noch der hl. Willibrord viel stärker im älteren „irofränkischen“ Kontext, als man bislang angenommen hatte.[19]

Nachdem die politisch-gesellschaftlichen Kräfte aufgezeigt wurden, die der kombinierten Benedikt-Columbanregel zum Siege in den neuen monastischen Zentren des Frankenreiches verholfen haben, kann nunmehr noch einmal die Frage aufgegriffen werden, auf welche Weise die Regula Benedicti in das weitverzweigte Filiationssystem des columbanischen, irofränkischen Klosterwesens gelangen und damit im Frankenreich ihren erstaunlichen Siegeszug antreten konnte. Zwei Erklärungen bieten sich an. Die erste Möglichkeit wurde bereits erwähnt, Adalbert de Vogüé hat sie im Anschluß an Mabillon wieder aufgenommen: Sie besagt, daß die Regula Benedicti durch den Kontakt Columbans mit Papst Gregor dem Großen und Rom unmittelbar nach Luxeuil oder Bobbio, der letzten Columban-Gründung in Oberitalien, kam und damit auch in der Gestalt der variablen „regula mixta“ in alle mittelbaren und unmittelbaren Filiationen der columbanischen Mutterklöster, wie Rebais-en-Brie, Solignac bei Limoges, Corbie, Fleury-sur-Loire und viele andere.[20] Oben war von Bischof Constantius von Albi die Rede, dem Empfänger jenes Briefes des Abtes Venerandus von Altaripa, in dem erstmalig im Frankenreich die Regula Benedicti als Klosterordnung erwähnt ist.[21] Constantius war aber Mitglied des bereits charakterisierten einflußreichen merowingischen Hofkreises, dem wir in der Briefsammlung des Bischofs Desiderius von Cahors begegnen und dem unter anderem Audoenus von Rouen, Eligius von Noyon, Paulus von Verdun, Chlodulf von Metz, Sulpitius von Bourges, der Hausmeier Grimoald, König Dagobert I. und König Sigibert III. von Metz angehörten, Männer also, die maßgeblich an der Ausbreitung und Förderung des irofränkischen, von Luxeuil ausgehenden benediktinisch-columbanischen Mönchtums beteiligt waren.[22] In den Klostergründungen dieser merowingischen Großen tauchte erstmalig die kombinierte Benedikt-Columbanregel auf, so daß man vermuten kann, daß die benediktinische Komponente der von diesem Kreis propagierten Mischregel auf Bischof Constantius von Albi zurückgeht, der ja durch Abt Venerandus von Altaripa die Regula Benedicti kannte.[23] Mit dieser Konjektur wäre nicht nur ein „missing link" in der Ausbreitungskette der Benediktinerregel gefunden, sondern gleichzeitig die wirkungsvolle und rapide Verbreitung der cassinensischen Klosterordnung, zusammen mit der Columbanregel, erklärbar, fand die Regula Benedicti durch Bischof Constantius doch gerade in jenem hochpolitischen Gesellschaftskreis Einlaß, der nicht nur die nötigen materiellen Mittel zur Gründung großer Klöster besaß, sondern auch die religiöse Begeisterung für die monastische Sache, die Columban in diesem Hofadel erweckt hatte.

Die Entscheidung darüber, ob Abt Venerandus bzw. Bischof Constantius von Albi oder Columban von Luxeuil die entscheidenden Figuren bei der Rezeption benediktinischen Geistes im Frankenreich gewesen sind, wird schließlich auch davon abhängen, ob die Anklänge in den ersten Kapiteln der Columbanregel an die Regula Benedicti stichhaltig sind, wie Adalbert de Vogüé annimmt,[24] und ob die Columbanregel überhaupt ein authentisches Werk des großen Iren gewesen ist, was keineswegs feststeht.[25] Erst wenn diese beiden Annahmen kritisch erhärtet sind, können sie Hallingers wohlbegründete Bedenken hinsichtlich der Vermittlerrolle Papst Gregors des Großen bei der Ausbreitung der Regula zerstreuen. Fest steht aber heute auf jeden Fall, ganz gleich, ob man Columban oder Venerandus als „Relais" für das Eindringen der Benediktregel ins Frankenreich annimmt, daß die cassinensische Klosterordnung aus Rom und Italien nach West- bzw. Mitteleuropa gelangt ist.[26] Und entscheidend für ihren Siegeszug war zweifellos ihre Propagierung durch das „irofränkische" Mönchtum des Luxeuil-Kreises und des Pariser Hofadels. Die Rezeption der Regula Benedicti im Frankenreich ist somit, soziologisch gesehen, ein Eindringen derselben in eine neue politische und gesellschaftliche Schicht, die Columban und seine Nachfolger Eustasius und Waldebert gerade erst dem Mönchtum als Lebensform erschlossen hatten.[27] Wie stark die Ausbreitung der Regula Benedicti ursächlich mit ihrer Aufnahme und Propagierung in der merowingischen Führungsschicht verbunden war, geht übrigens aus der Tatsache hervor, daß die um 717 wiedererrichtete benediktinische Urabtei Montecassino zwar Anziehungspunkt für die Germanen Willibald, Sturmi, Ratchis und für den Frühkarolinger Karlmann, dessen letzter Aufenthalt Montecassino war, gewesen ist, daß sie aber kulturell nicht nach Süddeutschland ausstrahlte. Montecassinos monastische Verbindungen gingen nach Corbie, Gorze, Fulda, Eichstätt und wahrscheinlich auch nach Mondsee im Salzkammergut.[28] Mit anderen Worten: Erst im politisch-monastischen Verbundsystem zwischen fränkischem Adel und Königtum einerseits und der von Luxeuil und später von den angelsächsischen Benediktinern ausgehenden Klosterkultur andererseits gelangte die Regula Benedicti zu ihrer vollen Wirksamkeit und weltgeschichtlichen Entfaltungsmöglichkeit.

Neben dem hohen asketisch-religiösen Rang und der humanen Ausgewogenheit der Regula Benedicti war es also auch eine günstige politisch-gesellschaftliche Konstellation im Frankenreich, die dem benediktinischen Kulturmönchtum zum entscheidenden Durchbruch verhalfen. Seit der zweiten Hälfte des 7. Jahrhunderts und im Laufe des 8. Jahrhunderts verdrängte die Regula Benedicti dann Schritt für Schritt die Regelelemente Columbans und alle älteren Regelvorbilder aus der monastischen Praxis. Bereits das Konzil von Autun 663/80 unter Leitung Bischof Leodegars von Autun spricht nunmehr von der Benediktregel, wenn es auch noch, wie Kassius Hallinger insgesamt und Arnold Angenendt an Pirmin und Willibrord gezeigt haben,[29] langer Zeit bedurfte, bis sich die cassinensische Klosterordnung endgültig und ausschließlich durchgesetzt hatte. Auch das Concilium Germanicum hat 742/43 zwar die Alleingeltung der Regula Benedicti postuliert, faktisch erreicht wurde aber dieser Zustand wohl erst mit dem reformierten „Reichsmönchtum“ Benedikts von Aniane.[30] Der Sieg der Cassinenser Klosterordnung bedeutete allerdings keineswegs, daß die Mönche der benediktinischen Klöster des 8. und 9. Jahrhunderts alle früheren monastischen Traditionen rigoros abschnitten; dies hätte dem ausdrücklichen Willen Benedikts widersprochen, der ja die Lektüre und damit auch die praktische Rezeption der Schriften der großen vorbenediktinischen Mönchsväter Basilius und Cassian in seiner Klosterordnung besonders empfahl. So verwundert es keineswegs, daß man in den Klosterbibliotheken des 9. Jahrhunderts neben der

Benediktregel das gesamte Spektrum monastischer Lebensordnungen und Traditionen findet: etwa in St. Gallen die Regeln des Basilius, Columbans, Augustins, die sogenannte Regula Pauli et Stephani, die Makariusregel; im Inselkloster Reichenau irische Regeln, die Regel Augustins, ebenfalls die Regula Pauli et Stephani, die Makarius-, Pachomius-, Caesarius- und Columbanregel und andere monastische Leitbilder.[31] Auch Benedikt von Aniane, der als letzter und wohl am wirksamsten die Geltung der Regula Benedicti auf dem Wege karolingischer Reichsgesetzgebung durchsetzte und damit für etwa ein Vierteljahrtausend eine Art benediktinisch-monastischer Einheitskultur der Klöster des Frankenreichs und seiner Nachfolgestaaten bewirkte, ließ es sich angelegen sein, in seinem berühmten Regelcodex (Clm 28118) die gesamte monastische Tradition in ihrer Reichhaltigkeit und Vielfalt dem Bewußtsein seiner Zeit und der Nachwelt zu erhalten.

4. Mönchtum und Mission

Während die Völkerwanderungsepoche und teilweise noch das erste Jahrhundert nach der fränkischen Reichsgründung durch Rückschläge oder zumindest regional feststellbaren Stillstand in der Christianisierung Westeuropas gekennzeichnet sind, bringt das ausgehende 6. Jahrhundert einen neuen und entscheidenden Aufschwung der Mission, der im wesentlichen vom Mönchtum getragen wurde. Allerdings darf dabei nicht übersehen werden, daß im 5. und 6. Jahrhundert sowohl auf dem Kontinent wie auch auf den Britischen Inseln die Kirche die stärkste und widerstandsfähigste Kraft und ein in sich geschlossener geistlicher wie sozialer Körper war, der den allgemein ethnisch-kulturellen Umbruch, den wir generalisierend als Völkerwanderung bezeichnen, am besten überdauerte. Die Kirche vermochte schon früh die germanischen Völker geistig an sich zu binden, vor allem dort, wo nicht der Arianismus eine neue Trennungslinie innerhalb der christlichen Welt zog, also vor allem im Frankenreich und in den angelsächsischen Königreichen. Der aktivste und lebendigste Teil der Kirche war wiederum das altgallische Mönchtum, und so konnte es kein Zufall sein, daß Gallien einen frühen und bedeutenden Anteil am monastischen Frühling des 7. Jahrhunderts hatte, der weit in die Gebiete rechts des Rheins hineinwirkte.[1]

Zwei Ereignisketten von großer historischer Tragweite, die beide im letzten Jahrzehnt des 6. Jahrhunderts ihren Anfang nahmen, sollten das folgende Saeculum zu einem Jahrhundert der Mission und des Mönchtums par excellence machen: erstens der britische Missionsauftrag Papst Gregors des Großen, verbunden mit einer universalen römischen Missionsidee von durchschlagender Wirkung, und zweitens der Aufbruch des hl. Columban mit seinen Gefährten aus Irland, der den entscheidenden Anstoß zur irofränkischen monastischen Welle im Merowingerreich gab.

Als Papst Gregor der Große 596 aus seinem römischen Andreaskloster eine Anzahl Mönche unter Augustin zur Mission in das angelsächsische Kent sandte, leitete er damit eine Entwicklung ein, die innerhalb der nächsten Jahrzehnte England sowohl zu einem blühenden Zentrum christlicher Kultur wie auch zu einem Herd weit ausgreifender Mission auf dem Kontinent und besonders in den Gebieten rechts des Rheins werden ließ.[2] Zwar vollzog sich die Christianisierung der angelsächsischen Reiche nicht geradlinig und ungestört, es gab schwierige Auseinandersetzungen mit den Vertretern des sehr lebendigen älteren keltischen Christentums und deren eigenständiger Mission, und eine starke heidnische Reaktion machte sich zeitweise bemerkbar, dennoch konnte das angelsächsische, von Rom bestimmte Christentum seit der Synode von Whitby (664) einen Grad der Konsolidierung erlangen, die es zu einer geistlich-geistigen Blüte im Lande und zu einer kulturellen Ausstrahlungskraft hinüber auf das Festland befähigten, ohne deren langanhaltende Wirkung und Intensität weder die fränkische Reichskultur noch die sogenannte „karolingische Renaissance" möglich gewesen wären.[3] Missionsgeschichte war in diesem Sinne nicht nur fast deckungsgleich mit der allgemeinen Kirchengeschichte, sondern überdies streckenweise identisch mit der Kultur- und Geistesgeschichte des frühmittelalterlichen Europa. Schließlich ist bemerkenswert, daß sich der römische Impuls zur Angelsachsenmission in England selbst mit der zweiten großen Missionswelle des irofränkischen Mönchtums verband, die von Columban und Luxeuil ihren Ausgang nahm. Der Luxeuil nahestehende, aus Burgund stammende Bischof *Felix* erschien um 630 bei Bischof Honorius von Canterbury, der ihn wiederum zu König Sigebrecht nach Ostanglien sandte, wo Felix 17 Jahre missionarisch wirkte und das Bistum Dunwich in Suffolk gründete. Bischof des Bistums Dorchester in Wessex wurde um 648 der neustrische Franke *Agilbert*. Nach einem Zerwürfnis mit König Coinwalch (643–672) ging Agilbert nach Northumbrien, wo er nach 660 Wilfrid, den späteren Bischof von York, zum Priester weihte und 664 auf der für den Sieg der römischen Observanz entscheidenden Synode von Whitby die römische Partei anführte. Bald danach wurde er Bischof der fränkischen Königsmetropole Paris. Seine Verbindung mit dem irofränkischen Mönchtum wird aus der Tatsache ersichtlich, daß er ein Bruder der Äbtissin Theudechild von Jouarre war, eines Klosters, das von *Ado*, dem Bruder Bischof *Audoens von Rouen*, nach 630 gegründet worden ist; Audoen und Ado aber sind markante Repräsentanten des Luxeuiler Mönchtums. Bischof Agilbert von Paris erbaute in Jouarre ein Familienmausoleum, in dem er selbst beigesetzt wurde. Aus Jouarre stammte schließlich auch Berthila, die erste Äbtissin von *Chelles-sur-Cher*, einer Gründung der angelsächsischen Merowingerkönigin Balthilde. Nach der Vita Berthilas war die Äbtissin von angelsächsischen Königen gebeten worden, Zöglinge zu Klosterprüfungen nach England zu senden; dies geschah auch, wobei aus Chelles sowohl Reliquien wie auch viele Bücher mitgeschickt wurden.[4] Nimmt man Bedas Bericht hinzu, wonach angelsächsische Prinzessinnen in merowingische Abteien eintraten, weil es damals in „regione Anglorum" noch nicht genügend Klöster gegeben habe – das irofränkische Kloster *Faremoutiers* ist hier an erster Stelle zu nennen – dann vermag man sich trotz der relativen Kargheit merowingerzeitlicher Quellen dennoch ein Bild von den engen wechselseitigen Verbindungen zwischen Rom, dem Frankenreich und England zu machen.

Wenn der Gedanke der Universalmission unter den nordalpinen heidnischen Völkern auf Papst Gregor den Großen zurückgeht, dann läßt das im Laufe des 7. Jahrhunderts sich ausbildende Geflecht missionarischer Beziehungen die Fruchtbarkeit und langwährende Wirkung dieses päpstlichen Konzeptes erkennen. Der hl. Amandus, Apostel der Belgier, holte sich um 625 in Rom seinen Missionsauftrag,[5] die für Bobbio und Luxeuil erschlossenen päpstlichen Privilegien von 628, 641 und 643 machen deutlich, daß es schon früh enge Beziehungen der führenden Vertreter des irofränkischen Mönchtums zur sedes apostolica gab, wie umgekehrt Repräsentanten des fränkischen Mönchtums wie Felix und Agilbert in England der römischen Observanz gegenüber der keltischen Kirche zum Durchbruch verhalfen.[6] Ein Blick auf die kulturellen Verbindungen, die durch Mission, Bistums- und Klostergründungen entstanden, erhärtet das gewonnene Bild und läßt außerdem erkennen, welche geistige Energien der missionarische Impetus bei den neu bekehrten Völkern auszulösen imstande war. Nach der Stagnation des 5. und 6. Jahrhunderts lassen sich seit dem 7. Jahrhundert Handschriftenwanderungen größeren Ausmaßes im christlichen Europa feststellen, wobei vor allem bemerkenswert ist, daß mit diesen Verlagerungen literarischen Gutes in die Missionsgebiete West- und Nordeuropa auch ein Übergang aus den alten Zentren antiker Stadtkultur in die neuen, überwiegend grundherrschaftlich-monastischen Mittelpunkte des Frankenreiches und Englands erfolgte.[7] Zahlreiche italienische und römische Handschriften kirchlichen Inhalts gelangten im Zusammenhang mit der wachsenden Rompilgerschaft ins Merowingerreich, besonders in die Klöster Nivelles, St. Wandrille, St. Amand, Utrecht und vor allem *Corbie*, das zusammen mit *Fleury-sur-Loire* einer der wichtigsten End- und Sammelpunkte italienischer

Codices des 5. und 6. Jahrhunderts war und außerdem durch seine angelsächsische Kolonie eine bedeutende geistige „Relaisstation" für England bildete.[8] Ähnliches gilt für das Kloster St. Bertin-Sithiu.

Überhaupt lagen die angelsächsischen und die kontinentalen Wanderwege von Handschriften nicht beziehungslos nebeneinander, sondern kreuzten sich auf mannigfache Weise. Schon der Angelsachse Benedict Bishop, Gründer und Abt von Wearmouth und Jarrow, Bischof von Canterbury, der um 665 im südgallischen Kloster Lérins lebte, holte für seine Klostergründungen Bücher aus Italien und Gallien. Erzbischof Wilfrid von York (634–709), der in Lyon drei Jahre lang „a doctoribus valde eruditis" ausgebildet worden war, kehrte später noch einmal an diese älteste kirchliche Metropole Galliens zurück, um Bücher für England zu erwerben.[9] Für den kulturellen Wanderweg von Italien in die angelsächsischen Klöster und Bistümer, der sich mit der Augustinusmission unter Papst Gregor dem Großen und später mit Theodor und Hadrian von Canterbury (668) eröffnete, zeugen eine Reihe von Handschriften, so z. B. der griechisch-lateinische Codex der Apostelgeschichte in Oxford (Laudianus), der im 6. Jahrhundert vielleicht in Sardinien geschrieben und im frühen 8. Jahrhundert von Beda Venerabilis benutzt worden ist. Aus England kam er ins Frankenreich, lag einige Zeit in Pirmins letzter Klostergründung Hornbach und gelangte noch im 8. Jahrhundert nach Würzburg. Wohl auf demselben Wege gingen zwei Evangelienhandschriften des 6. und 7. Jahrhunderts nach England, wahrscheinlich brachte Augustinus die erstere mit seinen Missionaren unmittelbar aus Rom auf die Insel. Als Frucht des Buchimports aus Italien ist eine in *Wearmouth* oder *Jarrow* geschriebene Bibel anzusehen, der Codex Amiatinus (A), einer jener „tres pandectes novae translationis", wie sie Beda beschrieben hat, die auf Anordnung Abt Ceolfrids (690–716) geschrieben wurden, und von denen ein Exemplar als Geschenk für St. Peter in Rom bestimmt war. Aus Northumbrien kommen zwei Handschriften, deren beigegebene Festtafeln auf eine neapolitanische Vorlage schließen lassen: das Evangelienbuch von Lindisfarne (um 700) und eine Bibel des 8. Jahrhunderts.[10] Nur erwähnt, weil zeitlich über die hier zu behandelnde Epoche hinausgehend, seien jene italienischen Codices, die auf dem Umweg über England mit der angelsächsischen Mission seit Willibrord und Bonifatius ins Frankenreich und in die Gebiete rechts des Rheins gelangten, so z.B. nach Utrecht, Echternach, Fulda, Mainz und Würzburg, aber auch in bayerische Kloster- und Dombibliotheken wie Freising, Regensburg, Tegernsee und Salzburg.[11] Mission und frühmittelalterliche Kultur stehen, so wird man sagen dürfen, in einem so engen kausalen Verbund, daß man versucht ist, von einer genuin „missionarischen Kultur" des Frühmittelalters zu sprechen; das Improvisierende und Sporadische, welches dieser Phase anhaftet, würde einer solchen Bezeichnung entsprechen, ebenso aber auch die begeisterte, anspornende Aufbruchstimmung, die uns so wahr und unmittelbar aus den Viten und Selbstzeugnissen dieser Epoche entgegentritt.

Vielleicht noch stärker und unbedingter verspürt man diesen monastischen und kirchlichen Frühling des 7. Jahrhunderts in der *Peregrinatio* des irischen und irofränkischen Mönchtums auf dem Kontinent, jener zweiten großen geistigen und gesellschaftlichen Bewegungskraft der Zeit, die sich mit der römischen Missionsidee seit Papst Gregor dem Großen auf vielfältige Weise durchdringt und dennoch eine Erscheinung sui generis ist. Der Begriff der Peregrinatio als asketische Heimatlosigkeit erfuhr dabei im Laufe des 7. Jahrhunderts einen bemerkenswerten Wandel. Für den Aufbruch irischer Mönche von ihrer Heimatinsel seit dem Ende des 6. Jahrhunderts war Peregrinatio, was immer die konkreten Ursachen dieser Emigrationsbewegung gewesen sein mögen, ein geistlicher Aufruf, Heimat und Verwandtschaft zu verlassen und in ein fernes Land zu ziehen, so wie Gott es einst Abraham geboten hatte (Gen. 12,1). Dieses Vorbild asketischer Heimatlosigkeit findet sich schon in Jonas' Leben des *hl. Columban'*, dem Vorbild für zahlreiche Heiligenviten des Frühmittelalters.[12] Aber schon dem fränkischen Adeligen *Wandregisel*, einer der monastischen Hauptfiguren irofränkischer Prägung,[13] und vielen seiner Zeitgenossen und Nachfolger, ist Peregrinatio nicht mehr die asketische Wanderung in eine räumliche Ferne, sondern ein Synonym für das asketische Klosterleben. Der Begriff wird also auf eigentümliche Weise sowohl spiritualisiert wie konkretisiert, er erhält einen gleichsam institutionellen Charakter, so daß aus der alten benediktinischen Forderung der monastischen „stabilitas loci" und der irischen „peregrinatio" das nur scheinbare Paradoxon einer „stabilitas in peregrinatione" als Umschreibung klösterlicher Abgeschiedenheit von Welt und Verwandtschaft entsteht. Damit rückt Peregrinatio aber auch in die Nähe des älteren monastischen eremus-Topos, der nicht einfach Wildnis oder gar „Naturidylle" bedeutet, sondern vor allem mönchische Segregation von der „Welt".[14]

Welche Folgen hatte nun der Anstoß irischen Peregrinatio-Denkens und -Handelns auf dem Kontinent? Als der Ire *Columban* d. J. mit seinen zwölf Mönchen um 590 in das Merowingerreich kam, muß ihn nach Jonas' Aussage das Sendungsbewußtsein eines schroffen, leidenschaftlichen Reformers beseelt haben. Seiner Meinung nach lag Galliens Kirche infolge kriegerischer Ereignisse und der Nachlässigkeit der Bischöfe sehr im argen.[15] Missionarische Arbeit als eine Hauptaufgabe in einem teilweise nur oberflächlich christianisierten Frankenreich – vor allem was dessen germanische und germanisierte Teile betraf – lag also vor den irischen Mönchen. Dazu benötigten sie Helfer und mächtige Förderer, und so war es symptomatisch, daß sich Columban bald nach seiner Ankunft an den Hof König Sigiberts wandte. Es war dies ein folgenschwerer Schritt, denn er knüpfte damit das Gedeihen seiner Klostergründungen wie sein Missionswerk fest an die in feindselige Teilreiche zerfallende fränkische Staatsgewalt. Ihm selbst schlug dies allerdings später zum Schlechten aus; das zeigt seine Vertreibung aus Burgund durch die Königin Brunichilde und sein letztes Exil in Oberitalien, wo er das Kloster Bobbio als Zentrum der Arianermission gründete. Seinen fränkischen Klöstern jedoch gereichte die enge Verbindung zum Königtum zum unschätzbaren Vorteil. Erst die Verbindung mit dem fränkischen Hofe machte aus dem eher zufälligen Erscheinen von dreizehn irischen Mönchen im Frankreich eine neue Epoche der abendländischen Klostergeschichte.[16] Erst dadurch, daß Columbans burgundische Hauptgründung Luxeuil, im Guten wie im Bösen, in ständiger enger Verbindung mit den Merowingerkönigen und mit der fränkischen Aristokratie blieb, wurde es ein verkapselter Fremdkörper innerhalb der fränkischen Kirchenorganisation.

Die unmittelbare und wichtigste Folge der Verbindung Columbans mit dem Königtum war der Zustrom des fränkischen Adels in Luxeuil und dessen Filiationen,[17] aus dem *irischen* Mönchtum wurde rasch ein *irofränkisches*, Columbans Nachfolger im Abtamte, Eustasius und Waldebert, waren Franken bzw. Frankoburgunder. Nichts spricht deutlicher für das baldige Übergewicht der fränkischen Kräfte in den Klöstern Columbans als die Tatsache, daß selbst im oberitalienischen Bobbio die ersten vier Äbte nach Columban Franken waren. Dies sollte sich ebenfalls als bedeutsam, wenn auch im ambivalenten Sinne, erweisen, denn die Aufnahme von Söhnen mächtiger regionaler Adelsfamilien im Kloster konnte sich gefährlich für dessen innere Ordnung auswirken. Dies zeigte der Fall des ehemaligen königlichen notarius Agrestius zur Genüge, der Luxeuil unter Abt Eustachius in eine schwere Krise stürzte. Andererseits aber verdankte das columbanische Mönchtum gerade seiner enger Verbindung mit dem fränkisch-burgundischen Adel seine erstaunliche Breitenwirkung während des gesamten 7. Jahrhunderts. Während nämlich die unmittelbaren Filiationen von Luxeuil zahlenmäßig relativ gering blieben und, von Granfelden im Sornegau vielleicht abgesehen, auch von sekundärer Bedeutung waren, erstreckte sich die Hauptwirkung des Vogesenklosters auf jene Abteien, die der fränkische Adel unter dem Antrieb von Luxeuil ins Leben rief. Dabei sind wiederum solche Klöster zu unterscheiden, die sich zu ihrer Errichtung, Organisation oder Reform Mönche aus Luxeuil holten und solche, die von Bischöfen gegründet wurden, die dort ihre Ausbildung erhalten hatten. Schließlich gehört als äußerer Ring der von Luxeuil inspirierten monastischen Gemeinschaften jene Gruppe von Klöstern dazu, die nach irofränkischem Muster die kombinierte *Benedikt-Columbanregel* einführten.

In Austrien und Burgund gehören zu den bedeutendsten Vertretern und Förderern des Mönchtums von Luxeuil Bischof *Arnulf* von Metz, der Ahnherr der Karolinger, dessen Verwandter Bertulf, der später Abt der letzten Columban-Gründung Bobbio war, sowie Arnulfs Freund *Romarich*, Gründer von Remiremont und Abt *Germanus* von Granfelden im Sornegau, Sprößling einer senatorischen Familie aus Trier, die am Hofe Dagoberts I. und Sigiberts II. in Metz eine bedeutende Rolle spielte.[18]

Der in zahlreichen Viten faßbare Einfluß Burgunds ist besonders bei den unmittelbaren Luxeuil-Schülern sehr stark. Ungeachtet der schwierigen Auseinandersetzungen zwischen dem Leitbild irischer Klosterautonomie,[19] das Columban mit auf den Kontinent gebracht hatte, und den Bestrebungen der burgundischen wie der fränkischen Bischöfe, die irofränkischen Klöster dem Diözesenverband so fest als möglich einzuordnen,[20] wird gerade im personellen Bereich die rasche Integration und Assimilation Luxeuils in seiner burgundischen Umgebung deutlich. Der Nachfolger Columbans als Abt von Luxeuil, *Eustasius*, war Burgunder. Da sein Onkel Mietius Bischof von Langres war, ist anzunehmen, daß er zu jener fränkisch-burgundischen Aristokratie gehörte, die überall im Merowingerreich mit der bischöflichen Stadtherrschaft wichtige Kommandostellen im Staate besetzt hielt.[21] Vergleichbarer wäre der schon erwähnte Bischof Donatus von Besançon.[22] Abt Eustasius besaß jedenfalls jene weitreichenden politischen Verbindungen, vor allem zu Chlothar II., dem neuen Gesamtherrscher des Frankenreiches, die notwendig waren, um Luxeuil aus der Isolierung herauszunehmen, in die das Kloster durch den Konflikt Columbans mit der Burgunderkönigin Brunichilde († 613) geraten war.

Burgundischem Adel entstammte auch *Athala*, wie Eustasius ein Lieblingsschüler Columbans und dessen Nachfolger als Abt von Bobbio. Er war in Lyon von Bischof Arigius, einem Luxeuil-Gegner, der eine große Rolle am Hofe Brunichildes spielte, erzogen worden und ging dann als Mönch in das berühmte südgallische Kloster Lérins, wohin es auch Arnulf von Metz gezogen hatte.[23] Eustasius gewann *Sadalberga* dem monastischen Leben; sie entstammte einer Adelsfamilie aus dem Gebiet um Langres und war später Äbtissin von Laon. Ihr Vater gehörte zu den Optimaten Austriens, ihr Bruder war der Luxeuilzögling und Bischof Leudoin-Bodo von Toul, sie selbst erhielt ihre klösterliche Erziehung in Remiremont.[24] Burgundischer Herkunft dürfte auch die mit Luxeuil eng verbundene Adelssippe der *Burgundofaronen* sein, die am austrischen Königshof Theudeberts II. (596–612) einflußreich war und dann unter Chlothar II. in der Brie ihr Herrschaftszentrum hatte. Abt Eustasius erreichte, daß Burgundofara gegen den väterlichen Willen Nonne und später Äbtissin des auf elterlichem Besitz gegründeten Klosters *Faremoutiers* werden konnte. Das von der Königin Balthilde reich dotierte Kloster folgte der kombinierten Benedikt-Columbanregel, der ,,regula mixta", und beherbergte auch adelige angelsächsische Nonnen. Burgundofaras Brüder Chagnoald und Waldebert waren Mönche in Luxeuil – letzterer wurde Nachfolger des Eustasius im Abtsamte (629–670) –, sie übernahmen die Organisation der schwesterlichen Klostergründung. Ein anderer Bruder, Burgundofaro, war referendarius am Hofe Dagoberts I., später, nach 629, wurde er Bischof von Meaux und eifriger Förderer des columbanischen Mönchtums.[25]

Wichtig für die von Luxeuil ausgelösten kirchlich-monastischen Aktivitäten, zu denen vor allem auch der starke missionarische Impuls des 7. Jahrhunderts gehört, der im Grunde erst die Christianisierung des Frankenreiches bzw. seiner Oberschicht einem gewissen Abschluß entgegenführte, war die zentrale Rolle des Königtums.[26] Das Königtum sicherte und förderte aber auch die missionarische Arbeit des irofränkischen Mönchtums, auch hierfür schuf Dagobert I. die politischen Voraussetzungen durch seinen energischen Ausgriff in die Gebiete östlich des Rheins. Spät, aber glaubwürdig bezeugt ist Dagoberts kirchliche Organisationsarbeit in Alemannien. Die älteste Grenzbeschreibung der Konstanzer Diözese in einer Urkunde Barbarossas von 1155 berichtet, der Merowingerkönig habe zur Zeit des Konstanzer Bischofs Marcianus die Grenzen zwischen dem Bistum Konstanz und den Nachbardiözesen festgelegt, so z.B. gegenüber dem Augsburger Bistum an der Iller.[27] Was Konstanz anbelangt, so überliefert uns Notker in seiner Gallusvita die Nachricht, König Dagobert (I.) habe das „episcopium", d.h. den Bischofssitz, von Windisch nach Konstanz verlegt. Die Mitwirkung dieses Herrschers bei der Gründung des Bistums Konstanz ist seit dem 8. und 9. Jahrhundert in lokalen Quellen bezeugt, ebenso dürfte es auf verläßlicher Überlieferung beruhen, daß nach Walafrid das *Gallus-Grab* von frommen Klerikern seit der Zeit König Dagoberts bis zur Regierung Karl Martells, d.h. bis zum Beginn des eigentlichen Klosters unter Abt Othmar, betreut wurde.

Die aufsehenerregenden Grabfunde von *St. Afra in Augsburg* aus dem ersten Drittel des 7. Jahrhunderts machen es sehr wahrscheinlich, daß die hier bestatteten Personen, Kleriker und Laien der Oberschicht mit Dagoberts I. politischer und kirchlicher Neuorganisation der rechtsrheinischen Teile des Merowingerreiches nach Rätien kamen, und daß St. Afra als überdauerndes spätantik-christliches Kultzentrum der Kristallisationskern der Bistumsgründungen Dagoberts I. wurde. Da die Grabinventare u.a. nach Burgund weisen,[28] dürfte auch in Augsburg mit ziemlicher Gewißheit die irofränkische Mission am Werke gewesen sein.[29]

Der *missionarische Impuls* von Luxeuil in den Gebieten rechts des Rheins beginnt schon mit *Columban* selbst und seinem Bemühen, auch im Bodenseeraum Fuß zu fassen, wo er um 610 in Bregenz ein Kloster gründete, dem allerdings nur eine kurze Lebensdauer beschieden war.[30]

Mit *Gallus* und dessen Zelle im Steinachtal begann sich jedoch der Einfluß des irofränkischen Mönchtums in diesem Gebiet zu verfestigen,[31] ja durch Columbans letzte Klostergründung *Bobbio* in Oberitalien gewann das missionarische Anliegen des großen Iren noch einmal besondere Bedeutung: Bobbio als Zentrum einer antiarianischen Mission im Langobardenreich erlangte eine Bedeutung, die derjenigen von Luxeuil nur wenig nachsteht.[32]

In der *Bayernmission* von Luxeuil aus begegnen wir als erstem Abt *Eustasius*, nach seiner Rückkehr setzten andere Mönche des Klosters seine Arbeit an der Donau fort. Man kann daraus entnehmen, daß es sich hier nicht um einen einmaligen, unsystematischen Missionsversuch gehandelt hat, sondern um ein Unternehmen, das sich über einen längeren Zeitraum erstreckte.[33] Ob dieses Missionsunternehmen des Abtes von Luxeuil mit Dagoberts I. Bistumsgründung in Augsburg zusammenhängt, muß dahingestellt bleiben, da Jonas in seiner Columbanvita keinerlei konkrete Angaben übermittelt hat. Am ehesten lassen sich Spuren irofränkischer Mission noch in Weltenburg an der Donau vermuten. Für eine ursächliche Verbindung Weltenburgs mit dem Aufenthalt des zweiten Abts von Luxeuil in Bayern spräche, daß ein Weltenburger Martyrologium des 11. Jahrhunderts die Klostergründung bildlich darstellt, und zwar mit zwei Personen: Eustasius und Agilus. Da zur Entstehungszeit des Codex' Luxeuil für Bayern bedeutungslos war, dürfte hier eine alte lokale Tradition vorliegen, die in die jüngere Handschrift übernommen worden ist.[34]

Missionstätigkeit in Bayern wird dem erwähnten Agilus, später Abt von Rebais-en-Brie, in der Tat zugeschrieben.[35] Mag seine Vita auch als wenig zuverlässig gelten, so spricht doch die völlig unabhängige Weltenburger Bildtradition dafür, daß Agilus wirklich als Luxeuil-Schüler in Bayern war, ebenso wie der Burgunder Agrestius.[36] Als Ausländer der irofränkischen Mission wird man auch den Aufenthalt des *Amandus* im Donauraum nennen müssen, auch bei ihm ist die Verbindung mit König Dagobert I. evident. Der Heilige, der von einem universalhistorischen Bewußtsein beseelt war und offenbar einen unmittelbaren römischen Missionsauftrag besaß,[37] unternahm Missionsreisen ins fränkisch-friesische Grenzgebiet, nach Bayern und zu den Slawen an der Donau; allerdings fehlen uns auch in seinem Falle konkrete Belege für nachwirkende Erfolge. Wie schon erwähnt, ermöglichte Dagobert durch eine Landschenkung die Gründung von Amandus' Hauptkloster Elnone-St. Amand, der Heilige war auch Taufpate seines Sohnes Sigibert III. Jonas, der zeitgenössische Biograph der irofränkischen Bewegung, war der Missionsgehilfe des Amandus, als dieser 639/42 von Elnone aus die Schelde abwärts bis ins Antwerper Gebiet missionierte, und es ist anzunehmen, daß Amandusschüler irofränkischer Observanz mit den Anfängen der angelsächsischen Mission auf dem Kontinent, besonders mit Willibrord und seinem Kreis, in Kontakt standen.[38] Der in Rom konzipierte Gedanke einer Universalmission, der sich gegen beschränktere gentile Missionsvorhaben durchzusetzen hatte, besaß also schon im irofränkischen Mönchtum eine feste Stütze, ja, Columban wie Amandus dachten bereits an die Slawenmission im Donauraum.[39]

Bayern erlebte dann seit 660/70 bis ins frühe 8. Jahrhundert hinein mit den fränkischen Missionaren *Emmeram*, *Corbinian* und *Hrodpert* einen starken kirchlichen Einfluß von Westen: irofränkische monastische Prägung ist bei ihnen zwar sehr wahrscheinlich, jedoch nicht exakt zu beweisen.[40] Bei Hrodpert, der von Worms nach Salzburg kam, sind überdies politische Motive für seine Peregrinatio anzunehmen, er gehörte vermutlich zur antikarolingischen Adelsopposition, die sich dem Aufstieg der Hausmeier entgegengestellt hatte.[41] Zugehörigkeit zum irofränkischen monastischen Kreis kann jetzt hingegen für den *hl. Pirmin* († 753) als gesichert gelten, der aus dem columbanischen Zentrum Meaux nach Alemannien und ins Elsaß kam.[42] Der politische Kontext seiner monastischen missionarischen Tätigkeit ist eher im alemannischen Herzogtum und im Machtbereich der elsässischen Etichonen zu suchen. Pirmins angeblich gutes Verhältnis zu Karl Martell und die Zusammenarbeit mit dem Hausmeier bei der Gründung der Reichenau dürfte wohl eine nachträgliche karolingische Geschichtsklitterung sein.[43] Rückblickend und gleichsam als Signatur des 7. und des beginnenden 8. Jahrhunderts läßt sich daher folgendes sagen: Dagoberts I. und seiner Nachfolger starke politisch-kirchlichen Aktivitäten östlich des Rheins, die enge Verbindung mit der Luxeuil-Bewegung und deren Trägern, dem fränkisch-burgundischen Adel, und die dergestalt ermöglichte Missionsarbeit des Vogesenklosters in den genannten Gebieten sind die drei wichtigsten Momente der kirchengeschichtlichen Entwicklung. Mehr noch: Diese drei Hauptkräfte kamen nicht zufällig zusammen, sondern sind kausal eng miteinander verknüpft. Ohne das Königtum keine Aktivität des merowingischen Reichsadels in Friesland, Thüringen, Alemannien und Bayern, ohne König und Adel keine erfolgreiche irofränkische Mission, ohne Luxeuil keine intensivere Christianisierung östlich des Rheins.

Das benediktinische Mönchtum gewinnt seit dem 8. Jahrhundert durch Mission und frühe kolonisatorische Aufgaben im Schutz der karolingischen Militärmacht entscheidende Positionen zu beiden Seiten des Rheins und tief nach Thüringen hinein; es überspringt damit die alte Barriere der von der Antike geprägten romanisierten Welt westlich des Rheins und südlich der Donau. Willibrord und Bonifatius stehen mit ihren Klostergründungen Echternach, Susteren, Utrecht, Fritzlar, Amöneburg, Ohrdruf, Tauberbischofsheim, Ochsenfurt, Kitzingen und vor allem mit Fulda an der Spitze dieser Entwicklung.[44] Im alemannischen Raum entsprangen die Klostergründungen Pirmins, vor allem die Reichenau und Murbach, aber auch Neuweiler, Hornbach und wohl auch Schwarzach, Gengenbach und Schuttern noch der älteren, irofränkischen Tradition.[45] Ein fränkisch-karolingisch orientierter Adel ruft im Westen des agilulfingischen Bayern die benediktinischen Klöster Scharnitz-Schlehdorf, Benediktbeuern, Schäftlarn und Tegernsee ins Leben, während die Agilulfinger sich mit der Gründung von Niederaltaich an der Donau, St. Peter und Nonnberg in Salzburg, Mondsee und Kremsmünster ihre eigenen religiösen Zentren schufen.[46] Bayern erlebt im 8. und 9. Jahrhundert einen benediktinisch-monastischen Frühling sondergleichen; seine großen geistlichen Zentren St. Emmeram in Regensburg, das Freisinger Domkloster, Benediktbeuern, Tegernsee, Mondsee, Kremsmünster und Salzburg stehen ebenbürtig neben den großen Klosterbibliotheken von St. Gallen, Reichenau, Lorsch, Würzburg, Fulda, Corvey und Köln, neben Corbie, St. Germain-des-Prés, St. Martin in Tours, Fleury-sur-Loire, Reims, Soissons, Autun, Lyon und anderen.[47]

Welche Ausstrahlungskraft die benediktinische Klosterkultur des Frankenreiches im 8. und 9. Jahrhundert besaß, braucht an dieser Stelle nicht im einzelnen dargelegt zu werden.[48] Erinnert sei lediglich an die unter Alkuin in Tours entwickelte, philologisch wesentlich verbesserte Bibel, ein Werk benediktinischer Gelehrsamkeit, das überall im Reich verbreitet wurde und das im Zusammenhang mit der karolingischen Liturgiereform unter Karl dem Großen sogar in Rom die ältere Vetus-Latina-Fassung der Hl. Schrift verdrängte.[49] Parallel dazu entwickelte sich, von der Schreibschule des Großklosters Corbie ausgehend, die sogenannte karolingische Minuskel in den fränkischen Benediktinerklöstern. Sie ersetzte die älteren Schriftformen, wie in Italien die Beneventana, und wurde damit zur internationalen Weltschrift des christlichen Mittelalters.[50] Schließlich entstand in den benediktinisch geformten Klöstern der Angelsachsen und des Karolingerreiches erstmalig ein System christlicher Erziehung und Wissensvermittlung von bemerkenswerter Effizienz und Geschlossenheit, eine Leistung, auf der im Mittelalter weitgehend der geistige Vorrang und Vorsprung benediktinischer Bildung beruhte.[51]

Die missionarische Welle des 7. und 8. Jahrhunderts trug christlich-monastische Bildung solcher Art in jene Gebiete östlich des Rheins und nördlich der Donau, die bislang noch keine eigene Schriftkultur besessen hatten. Dies war ein Vorgang von entscheidender Bedeutung für die Kulturentwicklung Mitteleuropas, denn es mußte sich als folgenreich erweisen, daß ein vorwiegend asketisch-mönchisches

Christentum nur einen begrenzten, kirchlich legitimierbaren Ausschnitt der reichen spätantiken Bildungstradition im missionierten Neuland weitergeben und fortentwickeln konnte. Damit schneiden wir die Frage der geistigen, religiös vermittelten Kontinuität zwischen Antike und Mittelalter an, die innerhalb der Kirche und hier besonders innerhalb des Mönchtums ausgetragen werden mußte.

5. Kirche, Mönchtum und Bildung zwischen Antike und Mittelalter

Wenn eingangs davon die Rede war, daß das Mönchtum innerhalb einer quasi „offiziell“ christlich gewordenen Welt von Anfang an – und ganz besonders in seinen charismatisch beflügelten Frühstadien! – deutliche Züge einer „Gegenkultur“ entwickelte, dann mußte sich die brennende Frage der Vereinbarkeit oder Nichtvereinbarkeit antiker Bildungstraditionen in monastischer Lebenspraxis mit besonderer Schärfe und Radikalität stellen. Praktisch ging es dabei darum, ob überhaupt und – wenn dies bejaht wurde – bis zu welchem Grade und in welchen modifizierten, dogmatisch vertretbaren Formen Inhalte und Lehrpraktiken der spätantiken literarischen Kultur mit all ihren beargwöhnten mythologischen Elementen im kirchlich-klösterlichen Bereich tradiert werden konnten. Oder anders formuliert: Gab es in der hier zu behandelnden Epoche Klosterschulen im engeren Sinne, die auf kirchlicher Basis das laikale Schulwesen der Antike fortsetzten? Eine scheinbare oder echte *Aporie* ist mit dieser Frage verbunden, die der Lösung bedarf, denn einerseits gibt es ungezählte Belege für eine asketisch-rigoristische Aversion des spätantiken Mönchtums gegenüber heidnisch-antiken Bildungstraditionen, andererseits aber liefert die frühmittelalterliche Handschriftengeschichte den Beweis, daß fast das gesamte Bildungsgut der Antike durch das Nadelöhr klösterlicher Schreibkultur hindurchgegangen und damit für uns gerettet worden ist. Diese Aporie gilt es für das westliche lateinische Mönchtum ins Auge zu fassen und nach Möglichkeit aufzulösen.

Ausgeklammert bleiben muß hier die weitergehende Frage nach dem Verhältnis des spätantiken Christentums insgesamt zur antiken Bildungstradition. Bekanntlich hat die christliche Antike ein breites Spektrum möglicher Verhaltensweisen gegenüber der antiken Kultur und ihrem Normenkanon entwickelt, Verhaltensweisen, die nach Ort und Zeit und aktuellem Anlaß stark variieren konnten, sogar bei ein und demselben Autor, was besonders an den überragenden Epochenfiguren Gregor von Nazianz, Hieronymus und Augustin ersichtlich ist.[1] Im Bereich des Mönchtums, der radikalsten Form christlicher Selbstverwirklichung durch das unblutige Martyrium der Askese, mußte sich aus erklärlichen Gründen die Frage nach dem Verhältnis zwischen Weltbildung im traditionellen Sinne einerseits und einer christlichen geistigen Kultur andererseits von Anfang an viel entschiedener und schroffer stellen. Um so aufschlußreicher ist es daher, auch hier einen inneren Kampf mit diesem kulturellen Erbe der heidnischen Welt festzustellen, das von monastischen Kreisen als ,,innere Versuchung" empfunden worden ist. Der berühmte Angsttraum des *hl. Hieronymus*, daß Gott ihn als ,,Ciceronianer", d.h. als allseitig gebildeten ,,Intellektuellen" hart tadle,[2] kehrt in Variationen auch im engeren und asketisch geschärften monastischen Bewußtsein immer wieder als beklemmende Sorge um das eigene Seelenheil. Auch der für den Westen wohl wichtigste Vermittler orientalischen Mönchsgeistes, *Cassian von Marseille,* leidet unter der inneren Bedrohung durch die heidnisch-antike Weltbildung, klagt er doch selbst darüber, daß ihm bei Gebet und Psaltersingen manchmal das Teufelswerk heidnischer Poesie in den Sinn komme, also auch für ihn die übermächtige Tradition noch eine innere Gefährdung darstelle.[3] Auch bei dem Lérins-Schüler und Klostergründer *Caesarius von Arles* (502–542) finden wir jene innere Bedrohung durch die übermächtige Bildungstradition. Er selbst war noch durch den Rhetor Pomerius geschult worden, doch seine Biographen wissen von einem Traumgesicht zu berichten, wonach aus einem Buche, auf dem er eingeschlafen war, ein Drache, also der Teufel, gekommen sei. Mit anderen Worten: Caesarius gehörte zu einer Generation, die noch der antiken Weltbildung teilhaftig geworden war, die er aber dann selbst als Mönch, Abt und Metropolit energisch beenden half. Seine Schüler und Biographen schreiben bereits ein wesentlich schlechteres, primitiveres, schon ,,merowingischeres" Latein als er.[4]

Verallgemeinert man mit aller gebotenen Vorsicht die eben angeführten Beispiele, so wird man sagen können, daß in den Klöstern des Westens die traditionelle Bildung durchaus nicht erloschen war, sondern in ideologiekritisch restringierter Art, manchmal sogar als verketzertes ,,kulturelles Unterbewußtsein", weiterlebte. Schon der hohe Anteil der gallorömischen Aristokratie an der Entstehung des Klosterwesens vom Typ Lérins, von dem bereits die Rede war, macht verständlich, warum die traditionelle antike Bildung nicht vor den Klosterpforten Halt machte. Dazu gehört auch, daß im Umkreis der Lérins-Zöglinge auch das hagiographische Schrifttum sich durch eine noble ,,antike Aufgeklärtheit" auszeichnete und damit vom hohen Bildungsniveau der monastischen Autoren Zeugnis gibt. So vermerkt Bischof *Hilarius von Arles* nicht ohne Genugtuung in der Lebensbeschreibung seines Verwandten und Amtsvorgängers Honoratus, daß dessen Leben ,,sine notabili superstitione" verlaufen sei, d.h. ohne jeden Aberglauben; die heiligmäßigen Qualitäten dieses aristokratischen Klostergründers von Lérins bestanden in seiner seelischen, christlich-stoischen Haltung, in der Makellosigkeit seiner Gesinnung, aber ausdrücklich nicht im primitiven Mirakelwerk, von dem die spätere merowingische Hagiographie strotzt.[5] Der alte, frühmonastische Topos vom monachus als dem wahren ,,philosophus" tritt hier deutlich zutage.[6] Antike Aufgeklärheit findet sich in gleicher Weise in der dem Lérins-Kreis entstammenden Arler Trophimuslegende, die ebenfalls Wundererzählungen und krasse, blutige Szenerien ausdrücklich verschmäht.[7] Und auch der Lérins-Schüler und spätere Bischof *Eucherius von Lyon* verzichtete in der Passio der Thebäischen Legion von Agaunum auf blutrünstiges Mirakelwerk, obwohl die grausame Hinschlachtung christlicher Legionäre hierzu wahrlich Anlaß geboten hätte. Kein Wunder wird berichtet, die Verdienstlichkeit des Martyriums allein Gott anheim gestellt; also auch hier,,Aufgeklärtheit" in christlichem Gewand.[8]

Auf der anderen Seite gibt es genügend Belege für das tiefe monastische Mißtrauen gegenüber der traditionellen klassischen Bildung und ihren Gefahren für die wahre mönchische ,,conversatio", eine Feindseligkeit, wie sie für den lateinischen Westen programmatisch *Sulpitius Severus*, der Schüler und Biograph des Mönchsvaters und Bischofs Martin von Tours, formuliert hat: ,,Aut quid posteritas emolumenti tulit legendo Hectorem bellantem aut Socratem philosophantem? Cum eos non solum imitari stultitia sit, sed non acerrime etiam impugnare dementia. Quippe qui humanam vitam praesentibus tantum actibus aestimantes spes suas fabulis animas sepulcris dederint." Nutzlos, wahnwitzig und verderblich ist es also, dem kämpfenden Hektor und dem philosophierenden Sokrates nachzustreben, seine Hoffnungen auf Fabeleien zu setzen und die Seele damit dem Grabe, d.h. dem ewigen Tode zu überantworten. Er selbst will mit seiner Martinsvita lediglich die Unerfahrenen belehren und die Gebildeten überzeugen: ,,ut et imperitos docerem et litteratos convincerem."[9]

Man kann diesen Angriff auf die traditionelle Bildung nicht damit abtun, daß man es hier mit dem regellosen, primitiveren und deshalb bildungsfeindlichen Mönchtum Aquitaniens zu tun hat, denn auch im

Umkreis des aristokratischen, gebildeten Mönchtums von Lérins finden sich ähnliche Ausfälle, etwa bei dem hochgebildeten, christlich-aufgeklärten Eucherius von Lyon, in dessen Schrift über das Lob der monastischen Einsamkeit „De laude heremi".[10] Dort wird, verbunden mit einem begeisterten Lob des Lebens auf der Mönchsinsel Lérins, die alte Gepflogenheit berühmter Männer der Vergangenheit kritisiert, sich von den weltlichen Geschäften ermüdet in die Philosophie gleichsam wie in ein Haus zurückzuziehen. Um wieviel besser sei es, sich in die einsame Freiheit der Wüste zurückzuziehen; fast klingt es wie eine autobiographische Reminiszenz des hochgebildeten Aristokraten, dem die radikal monastische Segregation von der Welt als der einzig würdige und christliche Ausweg erschienen war. Gleichzeitig jedoch muß er die willentliche Abkehr der Mönche von den Pflichten der Welt – errantes in montibus et in speluncis et in cavernis terrae – gegen Vorwürfe eben dieser Welt verteidigen: „Non est infructuosum, ut creditur, non est istud sterile heremi solum nec infecunda arentis saxa deserti."[11] Offensichtlich hatte auch noch das besser organisierte Mönchtum des 5. Jahrhunderts innerhalb und außerhalb der Kirche Legitimationsschwierigkeiten. Wie dem auch sei, der rote Faden herber Kritik an der antiken Weltzivilisation und deren Literatur zieht sich hin bis zu den bekannten Angriffen Papst Gregors des Großen, des Biographen des hl. Benedikt, den er lobend zum Gegenbild des antiken „homo litteratus" stilisierte, nämlich als „scienter nescius et sapienter indoctus."[12] In der *Regula Benedicti* selbst[13] finden sich keine Äußerungen über das Verhältnis von Glauben und Bildung; dem formalen Niedergang der lateinischen Literatursprache stand der Autor wahrscheinlich uninteressiert gegenüber, obwohl er selbst aus der römischen Oberschicht stammte und die Regel in rhetorischer Hinsicht keineswegs so kunstlos ist, wie man verschiedentlich angenommen hat.[14]

Faßt man die monastischen Selbstzeugnisse in der Streitfrage Bildung und Glaube zusammen, dann läßt sich zwar sagen, daß es auch im lateinischen Westen in den großen, geordneten Klöstern viele Gebildete gab, daß sie aber alle mehr oder weniger entschieden sich von ihrer Erudition und Weltbildung zumindest inhaltlich distanzierten. Mit anderen Worten: Literarische Kultur war im Kloster kein eigenständiges und daher tradierbares Gewächs, sondern ein oft als Hypothek empfundenes *unfreiwilliges* Erbe aus der Zeit vor der conversio, vor dem Eintritt ins Kloster. Selbst noch gebildet, haben diese Mönche und

Nonnen des 5. und 6. Jahrhunderts aus christlich-asketischer Überzeugung viel dazu beigetragen, grammatische und rhetorische Bildungstraditionen für sich und mehr noch für die nachfolgenden Klostergenerationen zu beenden. Die Klöster sind also in dieser Epoche, so paradox dies auch klingen mag, trotz literarischen Lebens in ihren Mauern – man denke an Lérins als westliches Zentrum des Semipelagianismus![15] – hinsichtlich der Weitergabe literarischer Kultur und Tradition eher negativ zu beurteilen. Man stellt sich, vom engsten Bereich kirchlich-monastischer Literatur abgesehen, aus religiösen Gründen auf bewußte Diskontinuität ein.

Damit erhebt sich die Frage, was das Kloster selbst an Schule, Erziehung und autogener Bildung und Ausbildung entwickelte und anzubieten hatte, und auf welche Weise in diese neuen Institutionen einer religiös-ideologisch fixierten Erziehung dennoch Elemente klassisch-antiker Bildungstradition eingegangen sind, Elemente, die zwar vom rigoros asketischen Aspekt streng gefiltert worden sind, aber doch im Kanon klösterlicher Erziehung wirksam werden konnten. Mit anderen Worten: Blieb das Kloster eine Stätte traditioneller Bildung, wenn im laikalen Ambiente diese Bildungstradition schwächer wurde oder ganz zu Ende ging? Eine Beobachtung vermag hier weiterzuführen: Die Nachblüte spätantiker Kultur im westgotischen Spanien und ebenso Cassiodors Versuch, in seiner Privatgründung Vivarium Bildung und Mönchtum zu vereinigen, zeigen zur Genüge, daß der Bildungsstand in den Klöstern unmittelbar vom Stande der sie umgebenden laikalen Kultur abhing, also keine autogene Größe war. Auch *Isidor von Sevilla* schärft den Mönchen ein, daß es besser sei, die Schriften der Heiden und Häretiker nicht zu kennen, als in gefährlichen Irrtum zu verfallen, auch er warnt vor den sinnlichen Aufreizungen der heidnischen Literatur,[16] aber die erstaunliche Nachblüte antiker Kultur im westgotischen Spanien sorgte offenbar von selbst dafür, daß gebildete Männer und Frauen die Klöster bevölkerten. Der christlich-asketische Widerruf antiker Bildungsgehalte kann nicht darüber hinwegtäuschen, daß grammatische und rhetorische Schulung ein beträchtliches sprachliches und formales Niveau auch des christlich-monastischen Schrifttums bewirkten. Die zeitgenössischen Warnungen vor den seelischen Gefahren heidnischer Literatur haben ja nur dann Sinn, wenn dieselbe noch lebendig und wirksam war. Die geistige Blüte in spanischen Klöstern wie Cauliana, Dumio, Agali, Liebana, Asan, St. Aemilian und Saragossa[17] war somit in hohem Maße noch „laikaler Fremdimport", also exogener Natur und damit abhängig vom Stande der allgemeinen Zivilisation und nur zum geringen Teil eine originale „endogene" Schöpfung der monastischen Welt. Augustinus wegweisendes Werk, „De doctrina christiana" und Eugipps Exzerpte aus demselben zeigen zur Genüge die brennende Aktualität des Problems, christliche und heidnische Bildung gegeneinander abzugrenzen, die brauchbaren Elemente der letzteren ideologisch zu entschärfen und für eine christliche Erziehung nutzbar zu machen.[18]

Damit sind wir wiederum bei der Frage, ob es eine echte pädagogische und intellektuelle *Kontinuität* zwischen dem auslaufenden heidnisch-antiken Schulwesen und der monastischen Erziehung gegeben hat oder ob nicht die monastische Schulung, von der Vermittlung technisch-grammatischer Minimalia zum Verständnis einer Buchreligion abgesehen, auf etwas ganz anderes abzielte und abzielen mußte als auf literarische Erudition. Man hat mit Recht davor gewarnt, das qualitativ völlig Andere der monastischen Erziehung gegenüber der traditionellen Bildung zu übersehen; nicht Grammatik und Rhetorik, sondern der Psalter: religiöses Dokument, Geschichtsschreibung, Grammatik, Lexikon und Dichtung in einem, stehe im Mittelpunkt des mönchischen Tageslaufes, sei gleichzeitig Propädeutik und Paränese.[19]

Dieser vorsichtig-kritische Aspekt ist neuerdings durch semantische Untersuchungen erweitert worden, wobei vor allem in Auseinandersetzungen mit Henri Irenée Marrou der überzeugende Nachweis geführt wurde, daß es keine echte Kontinuität zwischen dem antiken Schulwesen und den monastischen Erziehungsformen seit dem 5./6. Jahrhundert gibt.[20] „Scola" bedeutet im Kloster keineswegs Schule im herkömmlichen Sinne, das „litteras discere" der Regula Magistri beschränkte sich auf elementare Kenntnisse und war sicher nicht Aufgabe der Novizenzeit, denn auch die Benediktinerregel sieht vor, daß ein Anwärter für die endgültige Aufnahme ins Kloster nach Ablauf der Probezeit seine petitio auch von einem anderen schreiben lassen kann, wenn er selbst Analphabet ist.[21] Ebenso beinhaltet der für den monastischen Tagesablauf zentrale Begriff der „lectio" keine organisierte Tradierung von Wissensnormen, keine kognitive Orientierung, sondern in erster Linie gemeinschaftliches Gebet und Gebetsunterweisung.[22] Somit ist es mehr als fraglich, ob es vor der Karolingerzeit eine organisierte Wissensvermittlung, also eine Schule im eigentlichen Sinne gegeben hat. Wenn die südgallische Ferreolusregel das „scribere" als „praecipuum opus" bezeichnet, dann ist damit kaum ein geordnetes literarisches Leben im Kloster gemeint, sondern eher die manuelle Kunst des Abschreibens von Manuskripten, eine fast kultische Tätigkeit, wie sie sich in Cassiodors Privatkloster Vivarium findet und wie sie auch durch Caesarius von Arles bezeugt ist. In Martins Hauptkloster Marmoutier war nach Sulpitius Severus Schreiben die einzige handwerkliche Kunst im Kloster, hier wie anderswo wurden Manuskripte zum Verkauf hergestellt.[23] Gehörten aber die Schreiber zu den Klosterhandwerkern, dann galt für sie auch die Vorschrift Benedikts, daß deren Tätigkeit der besonderen Erlaubnis des Abtes bedürfe und zu keinerlei Hochmut berechtige.[24] Mit anderen Worten: Schreiben gehörte in unserer Epoche nicht zu den genuinen und integralen Bestandteilen des mönchischen Tagesablaufes, sondern eher zu jenem akzidentellen Bereich, der mit der sozialen Herkunft der Mönche und Nonnen zusammenhing.

Nicht organisierte Wissensvermittlung, sondern „Erweckungserziehung" im Sinne Max Webers und eine systematische Loslösung von der Welt „draußen", deren Normen und Tradition in hohem Maße tabuisiert werden, sind also für das Kloster charakteristisch.[25] Man könnte in dieser Hinsicht vom „Spoliencharakter" monastischer Bildung sprechen, so wie man den Begriff Spolie in der bildenden Kunst verwendet. Dies würde bedeuten, daß traditionelle Elemente und erlernbare Fähigkeiten aus dem Bereich antiker Literatur und Wissensvermittlung im andersartigen, geistlich-asketischen Kontext mönchischer „conversatio" einen völlig anderen Stellenwert bekommen. Die relativ reichlich vorhandene grammatische Literatur wird nach Möglichkeit von ihrem geistigen, d.h. heidnischen Hintergrund abgelöst und zu dem gemacht, was sie bis zum heutigen Tag ist: technisches Mittel zur Aneignung einer Schriftsprache. Grammatik im alten, umfassenden Sinne aber bleibt weiterhin der Feind der Kirche, gegen diese Art Grammatik, die zugleich für die ideologischen und ästhetischen Werte einer literarischen Kultur indoktriniert, richten sich die leidenschaftlichen Angriffe Papst Gregors des Großen, seine zornige Weigerung, „das göttliche Wort den Regeln des Donatus zu unterwerfen".[26] Um wieviel mehr mußte dies für den asketischen Rigorismus klösterlicher Erziehung gelten.

Hier stehen wir allerdings am Schluß wieder vor der eingangs angesprochenen Aporie, daß der monastischen Kultur einerseits ein rigoristisches Mißtrauen gegen traditionelle Bildungsnormen und -praktiken, gegen Grammatik und Rhetorik also, attestiert werden muß, daß aber andererseits die Schätze antiker Literatur hauptsächlich durch die Skriptorien der frühmittelalterlichen Klöster auf uns gekommen sind.[27] Es würde zu weit führen, dieser Frage hier noch im einzelnen nachgehen zu wollen, nur einige allgemeine Bemerkungen seien gewagt. Wie passen monastische Abwehrhaltung und literarisch faßbares, positives Ergebnis zusammen? Der Schlüssel hierzu sind vielleicht die frühmittelalterlichen Palimpseste von Luxeuil, Bobbio, St. Gallen, Verona, Autun, Fleury-sur-Loire und Corbie. Denn ganz gleich, ob man aufgrund eines umstrittenen Bobbienser Besitzvermerks die Palimpseste und das Skiptorium der letzten Columban-Gründung in Oberitalien mit dem frühen 7. Jahrhundert beginnen läßt oder sich für das Ende dieses Jahrhunderts oder für das frühe 8. Jahrhundert entscheidet,[28] so zeigt doch der Testfall Bobbio, daß sich in der Palimpsestierung, also in der Ausradierung antiker Texte und der nachfolgenden Neubeschriftung des auf solche Weise gewonnenen Pergaments mit kirchlicher Literatur, die bewußte Beendigung einer geistigen Tradition manifestiert, sei es aus Desinteresse, wie bei den neubeschrifteten Texten klassischer Autoren, sei es aus dogmatischer Gegnerschaft, wie bei der Reskribierung arianischen Schriftgutes. Noch aufschlußreicher und zu dem vorhin über den Stellenwert grammatischer Texte Gesagten passend ist die Beobachtung, daß die Interesselosigkeit gegenüber weltlicher antiker Literatur keineswegs generell war, sondern bemerkenswerte Ausnahmen kennt. So fällt auf, daß man im 7./8. Jahrhundert in Bobbio grammatische Handschriften schonte, sammelte und sogar ergänzte, soweit dies möglich war, während man kalligraphisch hervorragende Handschriften mit Werken klassischer Autoren durch Wiederbeschriftung zerstörte; am bekanntesten ist ja das Schicksal von Ciceros Staatsschrift ‚De re publica'.[29] Wenn auch eine Reihe dieser antiken Texte bereits vor ihrer Reskribierung in Bobbio Bruchstücke gewesen sein mögen, bleibt doch die Tatsache, daß man diese Fragmente nicht, wie im Falle der grammatischen Schriften, wieder zu ergänzen, auszubessern und zu bewahren suchte, sondern sie auslöschte, so daß die Handschriftenarbeit der karolingischen Renaissance hier nicht anknüpfen konnte.[30]

Erst in einer Zeit, die den Zusammenhang mit der Spätantike völlig verloren hatte und in der daher auch das Mönchtum keine rigoristische Gegenposition gegen eine immer noch mächtige weltliche Bildungstradition einzunehmen gezwungen war, erst dann also, als Kirche und Kloster das völlige Bildungsmonopol hatten, konnte eine unbefangenere Zuwendung zur antiken Kultur und ihren literarischen Zeugnissen erfolgen. Damit fielen manche, wenn auch nicht alle, religiös-asketischen Bedenken gegenüber der antiken Welt und ihre Versuchungen weg. Aber damit sind wir schon weit jenseits unserer Epoche am Beginn der karolingischen Renaissance, in der die klassischen Texte und ihre Inhalte wieder eine neue Faszination und ein Eigenleben entwikkelten, das weit über die Klostermauern hinauswirken sollte. Man könnte für das Schicksal der antiken Literatur im Bereich des westlichlateinischen Mönchtums die Hegelsche Gedankenfigur des *Aufhebens* in seiner dreifachen Bedeutung verwenden: Aufheben als Beseitigen bezöge sich dann auf die Auslöschung der heidnischen Bedeutungszusammenhänge und -werte, etwa auf die „Entideologisierung" der Grammatik, von der oben die Rede war. Aufheben als Bewahren verstände sich als die Hege und Weitergabe der klassischen Handschriften im Kloster, und Aufheben im Sinne von Höherheben, Emporheben wäre die Hinübernahme antiker Kulturwerte in den neuen christlichen Kontext des Mittelalters, in dem sich die Antike wieder als Wert sui generis innerhalb der vom Christentum gesetzten Grenzen entfalten konnte.

6. Mönchtum und Arbeitsethos

Eine der welthistorischen Leistungen des Christentums mit weitreichenden Folgen für die gesamte europäische Kulturentwicklung ist die Idee vom sittlichen Wert der Arbeit, und zwar auch gerade der bislang in der Antike verachteten körperlichen Arbeit. Ein Blick auf die Philosophie und die Soziallehren des klassischen Altertums zeigt, daß von Platon und Aristoteles bis zu Cicero der arbeitende, wirtschaftende Mensch wenig Achtung genossen hat. Dies galt besonders für die körperliche Arbeit – der „labor improbus" Vergils –, die ja für ein aristokratisch orientiertes Lebensideal sozial deklassierend und im wesentlichen ein Zeichen der Unfreiheit („opus servile") gewesen ist. Erst im Christentum, und hier wiederum besonders in den praktizierten monastischen Lebensordnungen, gewinnt die Arbeit als positiver Wert eine theologische Begründung und Dignität, hier hat die christliche Soziallehre und deren radikale Verwirklichung in der asketischen Lebenspraxis gleichsam wider Willen, aber dafür um so nachhaltigere Wirkungen gezeitigt, auf denen letztlich die gesamte arbeitsorientierte europäische Zivilisation beruht.

Bereits für den hl. Augustinus ist Arbeit keine unausweichliche Folge des Sündenfalls, sondern Fortsetzung des göttlichen Schöpfungswerkes durch den Menschen.[1] Im monastischen Bereich sah Augustin in der Aufteilung des Tages in Arbeit und Lesung ein Charakteristikum wohlgeordneter Klöster.[2] Cassian von Marseille handelt in seinen Schriften ausführlich von den Gefahren des Müßigganges und vom Wert der Arbeit als eines asketischen Heilmittels.[3] Benedikt, der ja in seiner Regel die Lektüre Cassians empfiehlt,[4] hatte sicherlich diese eindringlichen Darlegungen des großen monastischen Lehrers vor Augen, als er die „otiositas" als den Feind der Seele bezeichnete. Man hat jedoch vielfach in der Literatur, von solchen ethischen und asketischen Postulaten der Mönch- und Väterschriften ausgehend, eine allzu geradlinige Entwicklung vom benediktinischen – erst viel später bezeugten! – „ora et labora" zu einer wirklich allgemein anerkannten christlichen Arbeitswertung angenommen.[5] Von einer bewußten Aufwertung der Arbeit durch Benedikt kann keine Rede sein. Auch wäre es falsch und würde der Theorie einen zu tiefreichenden Einfluß auf die Lebenswirklichkeit zubilligen, wenn man von exegetischen Überlegungen und monastischen Vorschriften bereits einen grundlegenden Wandel des spätantiken Menschen hinsichtlich seiner Einstellung zur Arbeit erwarten wollte. In der Regula Benedicti, die je nach den Erfordernissen fünf bis acht Stunden täglicher Handarbeit für die Mönche vorsieht, offenbart sich eine im Grunde sehr nüchterne Einschätzung körperlicher Arbeit, wenn im 48. Kapitel den Mönchen ärmerer Klöster die Notwendigkeit der Feldarbeit mit dem tröstenden Hinweis auf das Vorbild der Mönchsväter und Apostel empfohlen wird.[6] Maßhalten und Rücksicht auf die Kleinmütigen wird dabei ausdrücklich eingeschärft. Wenn die Mönche Benedikts aber nur ausnahmsweise zu schweren Erntearbeiten herangezogen wurden und mit wachsendem Grundbesitz durch Schenkungen immer mehr coloni und mancipia für die Bewirtschaftung zur Verfügung standen,[7] dann ist die körperliche Arbeit noch weit davon entfernt, im Bereich des frühen Benediktinertums ein Wert an sich zu sein, sondern sie besitzt lediglich ihren „Stellenwert" in der asketischen Praxis. Immerhin darf dabei nicht außer acht gelassen werden, daß hier zum erstenmal Arbeit als ein Mittel geistig-geistlicher Bildung betrachtet und aus der wertneutralen oder gar negativen Sphäre des reinen „labor", der Mühsal, herausgenommen und in positive Zusammenhänge eingeordnet wurde.

Eine ähnliche Nüchternheit in der Einschätzung körperlicher Arbeit wie bei Benedikt offenbart sich etwa gleichzeitig in einer Bestimmung des Konzils von Epaon 517, wonach Sklaven, die dem Kloster geschenkt worden sind, vom Abt nicht freigelassen werden dürfen, denn, so lautet die Begründung dieses Verbots, die Konzilsteilnehmer hielten es für ungerecht, daß von den Mönchen die tägliche Feldarbeit geleistet würde, während ihre Sklaven sich dem Müßiggang hingäben.[8] Aus dieser wie aus anderen Belegstellen geht hervor, daß die alte Sozialordnung des weltlichen Bereichs im Kloster keineswegs aufgehoben war, wie ja auch die staatliche Gesetzgebung seit Justinian dafür sorgte, daß die Klöster keine Zufluchtstätten für mancipia und für servi glebae adscripti wurden, wozu offenbar anfangs eine Tendenz vorhanden gewesen war.[9] In der Merowingerzeit jedoch ist dieser „antistaatliche", unterschichtenfreundliche Zug des Klosterwesens offenbar verschwunden, auch hier zeigt sich an einer negativen Verhaltensweise der herrschaftlich-aristokratische Charakter der merowingisch-frühkarolingischen Klöster und Kirchen, die sogar ihre flüchtigen Unfreien verfolgen ließen.[10] Die aristokratisch bestimmte Herrschaftsordnung frühmerowingischer Klöster spiegelt sich etwa in dem Königskloster der thüringischen Prinzessin Radegunde in Poitiers wider, das zum Dienst für die vornehmen Nonnen Diener (servi) besaß, wie es auch ein Bad und Kleiderluxus der „Stiftsdamen", Schachspiel und „gesellschaftliches Leben" kannte.[11] Auch Bonifatius hob in einem Brief an Papst Zacharias am Ende des hier zu behandelnden Zeitraums hervor, daß die Mönche seiner Neugründung Fulda keine servi besäßen und von der Arbeit ihrer Hände leben müßten; was doch wohl einschließt, daß für die Begriffe des Briefstellers servi zu einem wohlversehenen Klosterhaushalt gehörten, sonst hätte das Fehlen derselben keiner besonderen Erwähnung bedurft.[12] Die Übergabe von servi und mancipia an Klöster und Kirchen ist uns ja in ungezählten Urkunden des 7. und 8. Jahrhunderts bezeugt.

Die Bedeutung des aristokratischen Elements in den Klöstern bedarf nach den vorausgegangenen Kapiteln keines Nachweises mehr. Um so bemerkenswerter ist innerhalb des monastischen Bereichs die Auseinandersetzung mit der neuen christlichen Wertschätzung der Arbeit, die nur mit Hilfe der Vorstellung, daß der Arbeit ein hoher asketischer und seelischer Nutzen innewohne, in einer von Kampf und Politik geprägten aristokratischen Welt Fuß zu fassen vermochte. Als „Dienst an der Seele" erhält die Arbeit nun religiös-sittliche Würde, während gleichzeitig die Muße (otium), das Lebenselixier antiker Oberschichtenbildung und Geistigkeit, in der pejorativen Form der otiositas bei Benedikt zum Feind der Seele erklärt wird: „Otiositas inimica est animae et ideo certis temporis occupari debent fratres in labore manuum, certis iterum horis in lectione divina."[13] Damit wird die Arbeit zumindest programmatisch als ein wesentliches Mittel in das christliche Streben nach dem Heil der Seele einbezogen, und zwar als asketische Übung, nicht jedoch als harte Kasteiung im Sinne orientalischer Mönchstradition. (Im Vermeiden aller rigoristischen Extreme liegt ja ein Hauptmerkmal benediktinischer Lebenspraxis.) Schon bei Cassian von Marseille ist eine Milderung und Humanisierung der Mönchsregeln durch die Rücksichtnahme auf die andersartigen gallischen Verhältnisse eingeleitet und damit in gewissem Sinne einer positiveren Wertung der Arbeit der Weg geebnet.[14]

Der Gegensatz zwischen der vom Christentum bewirkten Aufwertung der Arbeit und dem antiken, aristokratischen Muße-Ideal war den Zeitgenossen offenbar sehr bewußt, denn Gennadius von Marseille berichtet in seinem Abriß der Kirchenschriftsteller als besonders erwähnenswerte Tatsache, daß Hilarius von Arles als Mönch in Lérins trotz seiner vornehmen Herkunft Landarbeit betrieb; als Motiv wird der christliche Dienst am Nächsten, die Sättigung der Armen angegeben.[15] In der südgallischen Ferreolusregel durfte die Feldarbeit nur in Ausnahmefällen durch eine andere Tätigkeit ersetzt werden, wobei es kategorisch heißt: „qui non laborat, non manducet" – wer nicht arbeitet, soll auch nicht essen.[16] In der Touraine arbeitet im 6. Jahrhundert der Abt Ursus von Loches im Schweiße seines Angesichts für seinen und seiner Mönche Unterhalt.[17] Arbeit tritt mehr und mehr an die Stelle der rein asketischen Übung; typisch hierfür ist die Entscheidung des Praepositus im Kloster Méallet (Dept. Cantal), der den Reklusen Caluppa aus der Klostergemeinschaft stieß, weil er über extremes Fasten und Beten die gemeinsame Arbeit mit anderen Mönchen vergaß. Auch Caluppa mußte sich sagen lassen, daß derjenige, der nicht arbeite, auch zu Unrecht Nahrung fordere.[18] Die körperliche Arbeit wird so zum Bindeglied zwischen Welt und Askese, sie verhinderte, daß der asketische Eifer zur Weltflucht erstarrte.[19]

Mit Recht hat man betont, daß die wirkliche Bedeutung der Arbeit für den monastischen Alltag weniger aus den programmatischen Bestimmungen der Mönchsregeln zu entnehmen sei, die im Orient wie im Okzident den Wert der Arbeit hervorheben, sondern daß hierfür wesentlich aufschlußreicher die Heiligenleben seien, wobei besonders in denen der Merowingerzeit die Arbeitsamkeit als praktiziertes Ideal klar erkennbar ist. Vor allem die Erfordernisse der Rodung bei den zahlreichen merowingischen Klostergründungen „in eremo" gaben der Heiligung der Arbeit in christlicher Sicht einen starken Auftrieb, der sich in der zeitgenössischen Hagiographie unverkennbar niederschlug und der in merkwürdiger Spannung zu der oben geschilderten Adelsherrschaft im und über das Kloster stand. So sind es denn auch vornehmlich die durch Rodung groß gewordenen Klöster, in denen man organisierte Arbeitsformen und eine ausgeprägte Arbeitsgesinnung findet. Ähnlich wie später in der hoch- und spätmittelalterlichen Armutsbewegung vielfach der Adel selbst voranging und einem ihm im Grunde wesensfremden Prinzip zur Entfaltung verhalf, so erfüllte auch der Adelige im merowingischen, herrschaftlich organisierten Kloster seiner Familie durch sein Vorbild die Arbeit mit seinem geistigen Gehalt. Dieser war zwar, wie wir oben gesehen haben, bei den Kirchenvätern schon formuliert und postuliert worden, jedoch erst jetzt, in der frühmittelalterlichen, klösterlich-grundherrschaftlichen Gesellschaftsordnung zu einer formenden Kraft erwachsen. Dabei kam es weniger darauf an, daß der adelige Abt oder Mönch immer selbst und auf die Dauer mit Hand anlegte, oft wird er selber bald zu seiner mehr dirigierenden Rolle im monastischen Kosmos zurückgekehrt sein. Entscheidend war aber, daß in der Alltagspraxis der merowingisch-frühkarolingischen Rodungsklöster die Arbeit als vorgeschriebenes Mönchswerk und als asketisches Mittel einen spirituellen Sinn erhalten hatte, den sie vorher nicht besaß, daß sie grundsätzlich das Odium des „opus servile" verlor und ihren festen Platz im Heilsstreben des Christen einnahm. Der religiöse Sinn der Arbeit konnte sich in einer gefestigten, aristokratisch-feudalistischen Gesellschaftsordnung zwar wieder verflüchtigen, ganz verloren ging er aber nicht mehr.

Voll ausgeprägt tritt uns der Typ des wohlorganisierten, gutswirtschaftlichen Rodungsklosters in den Gründungen Columbans und seiner irofränkischen Schüler und Nachfolger entgegen. Aus den vereinzelten Ackerarbeiten in den alten Eremitenkolonien, in denen es lediglich um die Sicherung eines Existenzminimums ging, ist bei Columban geradezu ein „landwirtschaftlicher Großbetrieb" geworden, den der Abt selbst leitet.[20] Dieser Klostertyp, der aus seiner Alltagspraxis heraus schon für die Ausbildung einer praktizierten Arbeitsethik prädestiniert sein mußte, ist seit dem 7. Jahrhundert in den Gebieten nördlich der Loire und in Austrasien bestimmend geworden, der Großteil der irofränkischen Klostergründungen steht im Zusammenhang mit Rodungswerk und frühem fränkischen Landesausbau. Landarbeit, Roden und Bauen sind nun fest mit dem mönchischen Tageslauf verbunden, durch die Erfordernisse grundherrschaftlicher Organisation greifen Mönchsarbeit und Arbeit der servi und Hufenbesitzer des Klosters eng ineinander. Erst seit der irofränkischen Klostergründungsepoche nimmt die Zahl der Klöster auf dem flachen Lande, im Walde, in Sumpfgebieten und weit von den Zentren städtischer Zivilisation sprunghaft zu; das Mönchtum wird landsässig wie der fränkische Adel, der diese Klöster trägt.[21] Rebais entsteht „intra eremi secreta",[22] Jumièges und St. Wandrille entwickeln sich in königlichen Forstgebieten, wobei zwischen „forestis", das einen königlichen Immunitäts- und Bannbezirk bezeichnet, der zum Zwecke der Jagd der allgemeinen Nutzung entzogen wird und auch Kulturland umfassen kann, und zwischen „silva", als Waldland in engerem Sinne, in den Quellen deutlich unterschieden ist.[23] Stablo-Malmedy entsteht „infra forestem...

in pago qui Ardoinna dicitur",[24] Corbie auf einem königlichen Besitztum an den Ufern der Somme,[25] Remiremont „inter profunda vastaque Vosagi",[26] Elnone-St. Amand und Marchiennes lagen in Sumpfgebieten, Nivelles und wahrscheinlich auch Leuze und Renaix waren vom Kohlenwald umgeben.[27] Im Wald gelegene Klöster waren ferner Barisis-au-Bois, Samer-au-Bois, St. Valery an der Sommemündung, Maseyck und Prüm[28] sowie St. Dié, Murbach, Granfelden im Sornegau und St. Gallen.[29]

Die Unterstützung von Klostergründungen durch König und grundbesitzenden Adel, die sich seit Columban besonders in den stadtfernen nordöstlichen Ausbaugebieten fränkischer Macht auswirkte, diente sowohl der allmählich fortschreitenden Verchristlichung des flachen Landes im 7. und 8. Jahrhundert wie auch dem Landesausbau. Der christlich gewordene Adel stellte, wie wir gesehen haben, den Boden und die materiellen Mittel für die Missionsklöster, die nun die Masse der seiner Herrschaft untergeordneten Grundholden verchristlichen sollten. Es ist sehr fraglich, ob der gewaltige Impetus, der hinter dem mittelalterlichen Landesausbau seit dem 7. Jahrhundert spürbar wird, ohne das Beispiel rodender und zugleich missionierender Mönche möglich gewesen wäre. Die christliche Neubewertung der Arbeit, praktiziert am Beispiel der klösterlichen Rodungsgrundherrschaften, war damit ein Teil der weiter in die Tiefe gehenden Christianisierung, das christlich-monastische Arbeitsethos wirkte sich unmittelbar als kulturelle Pionierleistung aus.[30] Diese zivilisatorische Leistung konnte sich in den Ausbauräumen fränkischer Macht um so ungehinderter vollziehen, als seit dem 7. Jahrhundert das Mönchtum in seinen modernen irofränkischen und angelsächsisch-benediktinischen Formen den Bannkreis der alten gallorömischen civitates verlassen und dabei auch seinen ursprünglichen, antizivilisatorischen Affekt gegen die Stadt als Zentrum von Luxus und „luxuria" weitgehend abgestreift hatte. Jetzt, im Missions- und Rodungsland Austrasiens und in den Gebieten rechts des Rheins, wurde der Mönch bei der Bodenmelioration, als Gärtner, Arzt und Schriftkundiger selbst der erste und oft einzige Träger kulturellen Fortschritts, eine Wandlung, die nicht in der bewußten Absicht monastischer Gesetzgeber gelegen hatte, sich aber infolge der andersartigen Lebensumstände und durch die materiellen Konsequenzen der christlichen Arbeitsethik gleichsam von selbst einstellte. Sobald daher das antizivilisatorische Ressentiment des spätantiken Stadtmönchtums im städtearmen Norden gegenstandslos wird, treten auch die Heiligenviten dem, was durch Arbeit an Schönem, Nützlichem und Angenehmem geschaffen wurde, unbefangener entgegen. Nicht mehr die Häßlichkeit der Behausungen, die Ärmlichkeit und Primitivität der Kleider und Geräte werden als rechtes Milieu monastischer Askese ausführlich dargestellt, sondern die Hagiographen ergehen sich jetzt oft umgekehrt in begeisterten Schilderungen des Reichtums und der künstlerischen Ausgestaltung der Klöster, der Schönheit und Fruchtbarkeit der sie umgebenden Landschaft.[31]

Die Früchte der Arbeit, die aus der Einbeziehung des heidnischen „labor improbus" in das monastische Leben erwachsen sind, bilden somit die materiellen, aber auch die geistigen Voraussetzungen, auf denen sich dann seit der zweiten Hälfte des 8. Jahrhunderts und vor allem im 9. Jahrhundert die kulturelle Blüte der „karolingischen Renaissance" entfalten konnte. Mit der christlichen Sinngebung der Arbeit hat das frühe europäische Mönchtum jedoch erstmalig einen geistigen Trend in der westlichen Kulturentwicklung freigesetzt, der – über die Trennungslinie Spätantike-Mittelalter hinweggleitend – unbeabsichtigt weitreichende Wirkungen hervorrief, die in ihrer Form noch heute zu den unentbehrlichen Essentien unserer Arbeitswelt gehören.[32]

7. Mönchtum und frühmittelalterliche Adelsgesellschaft im Spiegel der Hagiographie

Wenn nachfolgend die merowingische monastische Hagiographie als Quelle für den Anteil des Mönchtums an der frühmittelalterlichen Gesellschaft im Mittelpunkt der Betrachtungen steht, so wird damit keineswegs übersehen, daß überall im Bereich des westlichen Christentums Heiligenviten verfaßt worden sind. Italien und Spanien haben uns zahlreiche und wichtige Dokumente dieser neuen Literaturgattung hinterlassen, und später ebenso die skandinavische und slawische Welt.[1] Unser Hauptaugenmerk liegt vor allem deshalb auf den Heiligenbiographien des frühen Frankenreiches, weil in diesen fast ausschließlich in Klöstern geschriebenen Viten am klarsten die Entstehung einer neuen, monastisch geprägten aristokratischen Gesellschaftsordnung dokumentiert wird. Es ist ja eine allgemeine historische Erfahrung, daß sich neue Formen politischer und sozialer Organisation zumeist nicht dort durchzusetzen pflegen, wo sie entstanden sind, sondern viel eher im „Neuland", d.h. in sozial und kulturell noch unterentwickelten Gebieten. Dies besonders deshalb, weil der Mutterschoß einer alten Kultur zu vielfältig, zu fruchtbar und nach vielen Richtungen hin noch so reich entwickelt ist, so daß ein völlig neues Element in diesem Ambiente seiner Entstehung von Anbeginn her nicht jene prägende, durchschlagende Kraft entfalten kann wie in neuen, noch weniger erschlossenen Bereichen, wobei der Begriff des Bereiches sowohl geographisch wie geistig-sozialstrukturell zu verstehen ist. Mit anderen Worten: Es ist die Chance der Randkultur, zum Zentrum neuer Entwicklungen zu werden, auch wenn diese neuen Kräfte ursprünglich nicht in derselben ihren Ursprung haben. Nur so ist es zu erklären, daß Rom, das Zentrum des westlichen Christentums mit seinen mehr als 40 Klöstern, die bis zum Ende des 7. Jahrhunderts in dieser Metropole entstanden sind, dennoch in der Geschichte des Mönchtums nicht jene überragende Rolle einnimmt, die man erwarten würde, nur so ist es ferner zu erklären, daß die Regel des „römischen Abtes" Benedikt ursprünglich nicht in Italien ihren Siegeszug antrat, sondern erst im Frankenreich, und daß erst dort mit maßgeblicher Hilfe des neuen, benediktinisch-columbanisch geprägten Mönchtums die im engeren Sinne mittelalterliche Gesellschaft entstand, die ein ganzes europäisches Jahrtausend prägte.[2]

Hagiographie als vornehmlich monastische Literatur und als wirksame Kulturpropaganda für einen Heiligen ist also mehr als eine neue Literaturgattung, sie ist zugleich ein wesentlicher Indikator für die neue und zentrale Rolle, die das Mönchtum zuerst im fränkischen Großreich und dann im gesamten Abendland spielen sollte. Am interessantesten ist der hagiographische Befund dort, wo er eine Gesellschaft gleichsam in statu nascendi widerspiegelt, und gerade dies ist in der merowingischen und ebenso in der frühkarolingischen Hagiographie des 7. und 8. Jahrhunderts der Fall, entstand sie doch in einer Epoche, in der im Merowingerreich die alte gallorömisch-senatorische Oberschicht mit der neuen fränkischen Adelsschicht verschmolz, und die zahlreichen Klöster, die gerade damals entstanden, sind, soziologisch gesehen, die Katalysationszentren, in denen sich zuerst und beispielhaft die enge Verbindung beider Sozialstrukturen im Zeichen des Christentums vollzog.[3]

Das bis zum 7. Jahrhundert quellenmäßig faßbare Nebeneinander von Romanen und Germanen wird in der Luxeuilbewegung durch die überwölbende und verbindende Kraft monastisch vertieften Christentums allmählich abgebaut und überwunden.[4] Das Eindringen des Mönchtums in die herrschenden Schichten der fränkisch-burgundisch-gallorömischen Gesellschaft hat aber nicht nur eine engere Verbindung dieser maßgeblichen Gruppen innerhalb des Frankenreiches bewirkt, sondern die mönchische Bewegung wurde für den „supranationalen" Adel selbst ein wesentliches Element seiner Führungsstellung innerhalb der Gesellschaftsordnung.

Damit sind wir beim gesellschaftsgeschichtlichen Aspekt unseres Themas, nämlich bei der spezifischen Leistung des oft so abschätzig behandelten 7. Jahrhunderts.[5] Ausgangspunkt sind die Columbanviten des Luxeuil-Mönches Jonas von Bobbio. Er bezeugt uns das Zusammenströmen junger Adeliger im Kloster Columbans.[6] Jonas' Viten, so sehr sie formal von älteren Vorbildern abhängen mögen, zeigen zwar kein „fränkisches Bewußtsein" des Verfassers, was bei seiner italienischen Herkunft nicht verwundert, aber sie schildern uns damit nur umso glaubwürdiger die politisch-religiösen Kräfte, welche das fränkische Eigenbewußtsein trugen und entwickelten, vor allem die führende Rolle des gallorömischen wie auch des germanischen Adels in diesem Prozeß. Jonas' Lebensbeschreibungen eröffnen durch ihren Inhalt eine neue Epoche, die der Autor aus eigener Anschauung miterlebt hat und deren Hauptpersonen er kannte und darstellte. Wir erfahren hier von Columbans Verbindung mit der politisch hochbedeutsamen Familie der Burgundofaronen, der die Entstehung so wichtiger Klöster wie Rebais, Meaux, Jouarre und Faremoutiers zu verdanken ist. Dieser Familie entstammte Audoenus von Rouen, der letzte erfolgreiche merowingisch-neustrische Politiker und Gegenspieler Pippins des Älteren und zugleich einer der wichtigsten Propagatoren des neuen Mönchtums in seiner Diözese. Audoenus selbst verfaßte eine Lebensbeschreibung seines Freundes vom Pariser Hofe und späteren Amtsgenossen Bischof Eligius von Noyon, die uns leider nur in einer Überarbeitung des 8. Jahrhunderts erhalten geblieben ist.[7] Dennoch liegt ihr die alte Vita Audoens teilweise zugrunde, und man merkt, trotz der nun schon entwickelten hagiographischen Topik auf Schritt und Tritt, daß es die Lebensbeschreibung eines politisch bedeutsamen Mannes aus der Feder eines fränkischen Adeligen von umfassender Belesenheit und von politischem Format ist.[8]

Es gibt wenig politisch bedeutsame Männer und Frauen des 7. Jahrhunderts, die nicht auf die eine oder andere Weise in die Hagiographie der Zeit Eingang gefunden haben, sei es nun Arnulf von Metz, der Ahnherr der Karolinger, oder Gertrud von Nivelles, die Tochter Pippins des Älteren,[9] Desiderius von Cahors,[10] Praejectus von Clermont,[11] Sulpitius von Bourges und Leodegar von Autun,[12] Wandregisel aus der engeren Umgebung Dagoberts I., der fränkische Große Romarich, Gründer des Vogesenklosters Remiremont und Freund Arnulfs, Filibert von Jumièges, Audoenus von Rouen,[13] König Dagobert I., oder die Königin Balthilde.[14] Die frühere politisch-herrschaftliche Funktion und Stellung dieser Männer und Frauen wird dabei in ihrer Vita regelmäßig hervorgehoben, und man gewinnt dabei den Eindruck, als sei Adel eine Vorstufe der Heiligkeit. Agrestius von Luxeuil war zuvor königlicher Notar gewesen, Lantbert, Ansbert, Bonitus und auch Remaclus waren referendarii am Königshofe, Geremar, Germanus von Granfelden, Leodegar von Autun und Wulfram in politischen Stellungen, Audoin und Eligius in der hohen Politik und in der Finanzverwaltung, Nivardus und Lambert von Maastricht waren Grafen oder stammten aus Grafenfamilien, Lantbert und Bischof Ragnebert hatten sich bei Hofe im Waffendienst hervorgetan, Widerad von Flavigny war der Sohn eines vir inluster, Gundula, die Äbtissin des

Klosters Chamalières bei Clermont hochadeliger Herkunft („inlustris natalibus"). Ihr reicher Grundbesitz befähigte diese Adeligen zu Klosterstiftungen auf Eigenbesitz, so beispielsweise Wilderad (Flavigny), Nivardus (Hautvilliers), Romarich (Remiremont), Burgundofara (Faremountiers), Geremar (St. Germer), Salaberga (Laon), Richarius (St. Riquier), Wufoald (St. Mihiel), Trudo (St. Trond), Eberhard (Murbach) und viele andere mehr. Sie alle festigten als Klostergründer, als Heilige, Äbte und Mönche zugleich den charismatischen Herrschaftsanspruch ihrer Familien.[15]

Es wäre deshalb zu oberflächlich, wollte man die Entstehung dieser Viten allein aus der verständlichen Dankespflicht der Klöster erklären, die jene Männer und Frauen gegründet und gefördert haben. In all diesen Lebensbeschreibungen, so unterschiedlich sie im inhaltlichen Wert und in der formalen Qualität auch oft sein mögen, schafft sich die Zeit, d.h. die merowingische Adelsgesellschaft, ihren eigenen, genuinen Heiligentyp, einen Typ, der trotz des Ballastes der aus älteren, z.T. orientalischen Vorbildern entnommenen hagiographischen Topoi der Weltflucht und Kasteiung ein eigenes Gesicht erhält. Es ist der für Europa konstitutiv gewordene Typus des Heiligen, der bei aller Askese doch mitten in dieser Welt steht, sie führend mitgestaltet – und zwangsläufig auch in dieser Welt seinen Teil von Schuld zu tragen hat: so etwa Audoenus als Parteigänger des neustrischen Majordomus Ebroin gegenüber Filibert von Jumièges, so etwa Leodegar von Autun gegenüber Praejectus von Clermont, so Gertrud von Nivelles, die durch den mißglückten Staatsstreich ihres Bruders Grimoald gegen die Merowingerdynastie mit ihrem Kloster in die Wirren der Zeit hineingezogen wurde, so schließlich Königin Balthilde durch ihre blutigen Maßnahmen gegen südgallische Bischöfe.

Mit der Schöpfung dieses Typs leistet die merowingische Adelsgesellschaft jedoch noch ein weiteres; diese Heiligen, denen die Viten gelten, sind ja die Standesgenossen und oft die Verwandten der Träger der politischen Herrschaft. Die germanische Adelsherrschaft, einst religiös in ihrer politisch-charismatischen Funktion sanktioniert, durch ihre „Geblütsheiligkeit" herausgehoben aus der Gesellschaftspyramide, verlor ja mit der Christianisierung einen Gutteil der religiösen Sanktion ihres Herrschaftsanspruchs.[16] Vielleicht gelang es deshalb rücksichtslosen Persönlichkeiten wie Chlodwig in dieser Zeit des Umbruches relativ leicht, sich der Machtkonkurrenz vieler ehemals zur Herrschaft Mitberechtigter aus dem Uradel gewaltsam zu entledigen.

Nun aber, im 7. Jahrhundert, entsteht dem Adel durch die Heiligen aus seinen Reihen eine neue, jetzt jedoch christliche Sanktionierung seiner Herrschaft; die zahlreichen Klostergründungen dieser Epoche sind Ausdruck und zugleich Festigung der inneren Verbindung des Adels mit dem neuen Gott und daher die Heiligen aus den Reihen dieses Adels zugleich die neuen christlichen Garanten der alten Adelsherrschaft. Daß dies kein bewußter „ideologischer" Akt war, braucht nicht eigens hervorgehoben zu werden, vielmehr handelt es sich um einen Akt geistiger Selbstetablierung des Adels, der damit, gleichsam im Nebenschluß, seine Herrschaft nun auch sakral, diesmal christlich, begründet.

Ebenso würde man einem modernen Trennungsdenken verfallen, wenn man diesen Vorgang der „Selbstheiligung" der merowingischen Adelsgesellschaft als eine „politische Handlung" im engeren Sinne auffassen und dementsprechend die Hagiographie zu einer embryonalen Form politischer Propagandaliteratur stempeln wollte. Wenn man schon eine Formel für diesen Prozeß der geistigen Konstituierung einer christlich begründeten Adelsherrschaft suchen will, so könnte man vielleicht von einer politischen „Instinkthandlung" des Adels sprechen, der sich in einer neuen Heiligkeit neue Fundamente für alte Herrschaftsansprüche schafft, ohne dies als rational erfaßten „Zweck" der Heiligung anzustreben. Jedenfalls ist die ständige Betonung der vornehmen Herkunft eines Heiligen in seiner Vita mehr als ein zufällig tradierter Topos: sie ist implicite Sanktionierung der Adelsherrschaft. Weiter ist es dann kein Zufall, daß im 7. Jahrhundert nur in einem ganz bestimmten Gebiet Europas die Hagiographie eine erste stürmische Blüte erlebt, die sich sowohl qualitativ von der vorausgehenden, orientalischen Legendentradition sehr stark unterscheidet, als auch rein zahlenmäßig alles hinter sich läßt, was gleichzeitig im 7. Jahrhundert anderswo an Viten verfaßt wird. Es ist jenes Gebiet, in dem durch die Etablierung der fränkischen Herrschaft der erste dauerhafte, christliche „Staat" germanisch-romanischer Prägung entsteht, und die gleichzeitige Hagiographie ist der religiöse Ausdruck der Festigung und inneren Legitimation dieser neuen, nun christlich begründeten Adelsherrschaft.[17]

Das Bestreben adeliger Sippen und Familien, anstelle der alten, heidnischen Begründung ihres charismatischen Herrschafts- und Führungsanspruches nach dem Übertritt zum Christentum nun eine neue, christliche Sanktionierung ihrer politischen Stellung zu erlangen, zeigte sich daran, daß der Adel seine Eigenklöster, die von ihm selbst geleitet wurden, mit wirkkräftigen Reliquien ausstattete und damit diese Klöster zu Kultzentren und Stätten des allgemeinen Heils machte, eines Heils, das vermöge seiner eigenen Wirkung im Volke sowie der Propagierung durch Translationsbericht und Heiligenvita wiederum stärkend und bestätigend auf das politische Ansehen der Sippe und Familie der Klosterstifter und -herren zurückstrahlte. Es handelt sich dabei ebenfalls um einen Akt der Selbstheiligung der adeligen Gründerfamilien, die sich als Hüter und Förderer des Kultes auch mit ihm identifizieren. Von diesem Aspekt her versteht man nun auch besser die weitreichende Bedeutung der Wunderberichte von Heiligengräbern, die nicht nur einer leichthin postulierten ,,Wundersucht des Mittelalters" entspringen, sondern zugleich mit dem Ruhm des Heiligen den der Stifter verkünden, wodurch der Heilige im eigentlichen Sinne ,,Hausheiliger" einer Familie und Sippe und sein Patrozinium zugleich ein politisches Faktum wird. Vielleicht fassen wir hier eine der tiefsten Wurzeln, den stärksten Impuls für die adeligen Klostergründungen des 7. und 8. Jahrhunderts: nämlich das aus einem inneren Mangel – als Folge des heidnisch-religiösen Autoritätsschwundes – entstandene leidenschaftliche Bestreben des nach innerer Konsolidierung suchenden fränkischen Reichsadels, sein altes, durch die Abkehr vom Heidentum erschüttertes Charisma durch eine kultisch-christliche Neubegründung seiner Stellung zu befestigen, beziehungsweise, soweit es sich um den Dienstadel der Merowinger handelt, überhaupt erst zu schaffen. Das war durch die Heiligen aus den eigenen Reihen ebenso möglich wie durch Reliquientranslationen. Die durch den Anstoß des columbanischen Mönchtums hervorgerufene Welle von Klostergründungen des Reichsadels in der Île de France und in Austrasien wäre ohne diesen inneren Zwang kaum so umfassend und erfolgreich geworden, wie dies tatsächlich der Fall war.

Verschiedentlich waren die Reliquientranslationen nach den Sippenklöstern des Adels nur die erste Stufe der Heiligung einer Kultstätte und damit ihrer Begründer. Trat dann ein Abt aus der Gründersippe hinzu, der selbst aufgrund einer Vita oder Klostergeschichte den Ruhm der Heiligkeit erlangte, wie Landfrid in Benediktbeuern oder wie im Westen des Frankenreiches Chrodegang von Metz, Filibert von Jumièges, Wandregisel von Fontanella-St. Wandrille oder Gertrud von Nivelles, dann mußte der Ruhm der Kultstätte noch viel intensiver, sinnfälliger und deshalb heiligender auf die Familie des oder der Heiligen zurückstrahlen und deren Charisma erhöhen, als dies durch eine bloße Reliquientranslation möglich war – wofür die Karolinger mit ihren Familienheiligen Arnulf und Gertrud Zeugnis ablegen. Gerade die Karolinger haben denn auch das Musterbeispiel der engsten Verknüpfung von religiösem und politischem Charisma gegeben: die Metzer Bistumsgeschichte des Paulus Diaconus, welche die Geschichte der karolingischen Familie von ihren Anfängen her an der Entwicklung des karolingischen Hausbistums darstellt und der „Selbstheiligung" dieser Herrschersippe auf dem Gipfel ihrer Macht ein literarisches Denkmal setzt.[18]

Hinzuzunehmen sind jene literarischen Zeugnisse der Epoche, in denen der König und neben und teilweise mit ihm der Adel einem Klostergründer ihre Hilfe angedeihen lassen und sich damit Anteil am Heil der Kirche erwerben, beispielsweise die Unterstützung Dagoberts und Pippins des Älteren, wie sie in der Vita Amandi festgehalten ist, oder die großzügige Förderung die der Ire Furseus und sein Bruder Foillan bei der Gründung ihrer Klöster in Lagny bei Meaux und Péronne in der Picardie durch den Merowinger Chlodwig II. (640–657) und den Hausmeier Erchinoald erfahren hatten.[19] Selbst wo ein Klostergründer durch die politische Ordnung zu Schaden kommt oder gar stirbt, wird die Herrschaft als solche niemals in Frage gestellt, sondern die Katastrophe zufälligen bösen Einflüssen oder noch heidnischen Vertretern der öffentlichen Gewalt zugeschrieben. Dies ist bei der Tötung des Trierer Senatorensohns Germanus von Granval der Fall, dessen verwandtschaftliche Beziehungen zum Merowingerhof rühmend hervorgehoben werden,[20] wohingegen sein Tod durch die Untergebenen des elsässischen dux Eticho als ein Vorgang geschildert wird, der sich außerhalb merowingischer Kompetenz als purer heidnischer Willkürakt abspielte.

Positive Einstellung der Hagiographen oder ihrer geistlichen Helden zur merowingischen Königs- und Adelsherrschaft kann freilich nicht bedeuten, daß der qualitative Unterschied zwischen asketischem und weltlichem Leben verwischt würde; er ist immer da und wird stets betont.[21] Aber die Herkunft eines Heiligen und seine frühere Wirksamkeit in der Welt wird nicht als belanglos oder gar als schädlich abgetan, wie beispielsweise in der Severinsvita, sondern adelige Abstammung, Verdienst und Macht dieser Welt erscheinen geradezu als Wesensmerkmale des Heiligen, die durchaus der eingehenden Erwähnung in der Vita würdig sind. Mit der Herkunft der Heiligen aus den obersten

Gesellschaftsschichten hängt es auch zusammen, daß man nicht mehr, wie bei den Lebensbeschreibungen der altgallischen Eremiten, übermäßigen Wert auf die Schilderung der Ärmlichkeit der Behausungen und der Primitivität der Kleider und Geräte legt, sondern die Heiligen erbauen jetzt große Klöster mit prachtvollen Kirchen, für deren Unterhalt aus Adels- und Königsgut umfangreiche Grundherrschaften eingerichtet werden. Es entsteht ein monastischer Kosmos, in dem der adelige Abt und Heilige herrscht und wirkt und weder in Worten noch in Taten seine Herkunft verleugnet.[22] Darin liegt gerade ein wesentlicher Unterschied zur geistigen Haltung spätantiker Viten, in denen die vornehme Abkunft eines Heiligen entweder gar nicht, beziehungsweise nur kurz erwähnt wird oder nur aus der rhetorischen Bildung des Geschilderten indirekt zu erschließen ist. So verzichtete der Biograph des Hilarius von Arles ausdrücklich auf die Gepflogenheit, Heimat und Eltern desselben lobend zu erwähnen, denn so habe es Hilarius selbst in der Lobrede auf seinen Verwandten Honoratus getan. Daher wolle er, der Biograph des 5. Jahrhunderts, aus der Fülle der Tugenden des Heiligen einige auslassen, ,,ut vitae ipsius pretiosissimum monile, non humanis gemmis ornatum, sed supernis virtutibus splendidum, sine artificis manu, pretiositate propria commendetur".[23]

Die merowingische Hagiographie kennt diese radikale Trennung des Heiligen von seiner weltlichen Würde und adeligen Herkunft nicht, sie wäre ihr aus der ,,politischen Religiosität" des Mittelalters heraus auch unverständlich, und so entsteht das, was Max Weber ,,grundherrliche Honoratiorenorden" genannt hat, ein Ausdruck, der allerdings ohne jeden abwertenden Beigeschmack zu verstehen ist. Daher wird in den Viten des 7. und beginnenden 8. Jahrhunderts den weltlichen Taten und den politischen wie den familiären Beziehungen der Heiligen ein relativ breiter Raum gewidmet, der diesen hagiographischen Typ grundsätzlich von der spätantiken Heiligenvita unterscheidet, was um so schwerer wiegt, als man den normierenden Einfluß orientalischer und antiker Heiligenleben auf die frühmittelalterliche Hagiographie keineswegs unterschätzen darf.

Betrachten wir daraufhin einige merowingische Viten. Die zeitgenössische Lebensbeschreibung Bischof Arnulfs von Metz verweilt sehr ausführlich bei der weltlichen Tätigkeit des Ahnherrn der Karolinger unter Chlothar II. und seinem Sohn Dagobert I. und schildert ohne übertriebene Entrüstung den brutalen Versuch des ,,prudens rex Dagobertus", Arnulf von der Zuwendung zum geistlichen Leben abzuhalten.[24] Ähnlich verhält es sich mit der Vita des Bischofs Desiderius von Cahors, die nicht nur den politischen Werdegang des Bischofs, sondern auch den seiner Brüder Rusticus und Siagrius beschreibt, ähnlich wie wir dies bei Germanus von Granfelden festgestellt haben.[25]

Die Vita des großen Metropoliten Audoenus von Rouen, so dürftig sie auch sonst ist, durchzieht dennoch wie ein roter Faden von Anfang bis zum Tode des Bischofs dessen überragende Stellung am Königshofe, die auch in der Vita Filiberti aufscheint.[26] Noch deutlicher wird uns die weltliche Macht des merowingischen Finanzministers Eligius von Noyon geschildert und ebenso der Neid, den er deshalb erregte. Von dem Heiligen heißt es, daß er ,,coram Domino et coram regibus Francorum" Gnade gefunden habe, eine Formulierung, die am prägnantesten die religiöse und politische Doppelstellung des merowingischen Heiligentyps in seiner Zeit widerspiegelt.[27] Die alte und wertvolle Passio I des Bischofs Leodegar von Autun, in der sich die tödliche Krise der Merowingerherrschaft während der Machtkämpfe Ebroins abzeichnet, beleuchtet die starke politische Stellung Leodegars sehr klar. Leodegar, dessen wertvolle Passio uns unmittelbare und lebendige Einblicke in spät-merowingische Verhältnisse erlaubt, ist ein gutes Beispiel dafür, wie unzulänglich es bleibt, den stadtherrlichen Episkopat des 6. und 7. Jahrhunderts pauschal als ,,verwildert" abzutun. Leodegars Wirksamkeit für die Ausbreitung des neuen irofränkischen Mönchtums Luxeuiler Prägung und ebenso der von echt christlichem Geiste erfüllte Abschiedsbrief des geblendeten und verstümmelten Bischofs an seine Mutter Sigrada, die im Marienkloster zu Soissons lebte, widersprechen einem solchen generellen Urteil. Dafür werfen die familiäre Herkunft und die Tätigkeit Leodegars ein sehr bezeichnendes Licht auf diesen Typ gallofränkischer Bischöfe. Es war der Neffe des Bischofs Dido von Poitiers, der ihn wahrscheinlich zum Abt des Maxentiusklosters in Poitiers bestellte, ehe er mit Hilfe der Königin Balthilde das Bistum Autun erhielt. Vor seiner Einsetzung hatten in dieser Stadt zwei Parteien mit den Waffen um die Besetzung des Bistums gekämpft, offensichtlich zwei regionale Adelsfraktionen, die nunmehr die Energie des neuen Bischofs und Stadtherrn zu spüren bekamen, denn der Biograph weiß zu berichten, daß diejenigen, die Leodegars Mahnungen zur Eintracht nicht Folge leisteten, durch Schrecken dazu gezwungen wurden.[28] Die stadtherrliche Friedenswahrung war die Voraussetzung für ein Leben großen Stils, das der rechtskundige, oratorisch begabte und prachtliebende Bischof in seiner Residenz führte.

Er stellte nicht nur die Stadtmauern wieder her, sondern erneuerte die Bischofskirche, schaffte kostbare Altargeräte an und erbaute dem Märtyrer und Heiligen der Stadt, St. Symphorian, ein neues Grabmal, sorgte aber auch für die Verbesserung des Armenwesens. In die große Politik geriet er als Exponent der Adelspartei, die sich gegen die wachsende Herrschaft des neustrischen Hausmeiers Ebroin wendete und diesen 673 stürzte. Seine Rückkehr an die Macht brachte den Untergang Leodegars, der in Autun belagert und nach Übergabe der Stadt geblendet, schließlich auch seiner geistlichen Würde enthoben und auf Ebroins Befehl getötet wurde.

Man könnte die Reihe der Beweise noch fortsetzen, jedoch dürfte an den zitierten Beispielen genügend deutlich geworden sein, worin das Neue gegenüber der spätantiken, vormerowingischen Hagiographie besteht. Man würde sich den Weg zum Verständnis dieses Heiligen- und Vitentyps versperren, wenn man die Betonung der politischen Stellung der jeweiligen Helden als Topos abtun wollte, denn gerade in dieser Epoche ist erst ein Topos daraus geworden, und auch Topoi entstehen nur durch die prägende Kraft bestimmter historisch-gesellschaftlicher Momente. In unserem Falle ist es die positive Einstellung sowohl der Heiligen wie ihrer Biographen zur merowingischen Königsherrschaft und Adelsgesellschaft, der sie meist selbst entstammten, welche den typisch frühmittelalterlichen Zug politischer Religiosität schuf und in dieser eigenartigen Prägung an die folgenden Jahrhunderte weitergab.

Die „Selbstheiligung" der merowingischen Adelsgesellschaft durch die neuen Heiligen aus ihren Reihen konnte natürlich durch die Vitenliteratur vorerst nur in das Bewußtsein der des Lesens und Schreibens Kundigen eindringen; die breite Masse des fränkischen und ehemals gallo-römischen Volkes nahm auf eine viel sinnfälligere und unmittelbarere Weise von diesen neuen Heiligen Kenntnis: durch den Kult selbst und durch die an ihren klösterlichen Grabstätten geschehenden Miracula, die ein posthumer Beweis von Heiligkeit waren. So entstanden als Anhang oder als selbständige Fortsetzung der Heiligenleben, vielfach auch bereits in diese schon hineingewoben, die sich mehrenden Sammlungen von Wundergeschichten am Grabe der Heiligen. Diese Viten und Mirakelsammlungen, wie sie bereits vorbildlich von Gregor von Tours für das Frankenreich geschaffen wurden, verlas man an den entsprechenden Heiligenfesten in den Kirchen, wodurch die literarische Propagierung zugleich breiteste Massenwirkung erzielte.[29]

Dadurch vermehrte sich der Ruhm der merowingischen Heiligengräber im Lande, sie wurden nun genauso begehrte und bevorzugte Grablegen der Oberschicht, wie dies archäologisch für spätantike Heiligengräber, etwa für St. Denis bei Paris, Alyschamps bei Arles und für St. Afra in Augsburg nachweisbar ist.

Die Folge dieses Umstands war, daß in den Kirchen und Klöstern, die merowingische Heiligengräber bargen, mit der Entfaltung des Kultes die neuen Heiligen das alte Kirchenpatrozinium zurückdrängten. So wurde St. Peter in Rouen als Grabkirche Audoens später St. Ouen, St. Peter in Nivelles zum monasteriums s. Geretrudis, wobei die um 670 geschriebene Vita der Schwester Grimoalds und die im letzten Jahrzehnt des 7. Jahrhunderts entstandenen virtutes der hl. Gertrud die Verbreitung ihres Kultes ebenso konstatieren wie fördern. Der Gertrudenkult, ein wesentlicher Beitrag zur sakralen Legitimierung der karolingischen Hausmeier und Könige, verbreitete sich rasch im Frankenreich; vor 741 ist er in der – wahrscheinlich karolingischen – Gründung Karlburg am Main nachweisbar, im Karolingerkloster Fulda bezeugt ihn für die erste Hälfte des 9. Jahrhunderts der Klosterhistoriograph Rudolf, doch dürfte er dort schon wesentlich früher Fuß gefaßt haben.[30] Ein vor 800 in einem angelsächsisch beeinflußten Kloster zwischen Maas und Rhein entstandenes Psalterium kennt den Kult der karolingischen Heiligen sowie Arnulfs von Metz; es enthält Gebete für Karl den Großen und seine Kinder, für das fränkische Heer und Papst Leo III. und beweist damit, wie eng die Ausbreitung der Gertrudenverehrung mit dem politischen Interesse und dem Aufstieg der Karolinger verknüpft war.[31]

In Metz wurde die alte Apostelkirche seit der Translation Arnulfs zum großen karolingischen Grabkloster. Die älteste Urkunde nennt 691 noch das Apostelpatrozinium, ebenso eine karolingische Schenkung des Jahres 715, zwei Jahre später jedoch taucht in einer Dotation Chilperichs II. das neue Patrozinium des karolingischen Ahnherrn auf.[32] Dagegen erlangte Plektrudis, die Gattin Pippins des Mittleren, trotz ihrer frommen Stiftungen keine überregionale kultische Verehrung, was wohl mit der Zurückdrängung ihres Andenkens durch ihren siegreichen Widersacher und Stiefsohn Karl Martell zusammenhängen dürfte.[33]

Im agilulfingischen Bayern kann man beobachten, wie in Freising der Westfranke Korbinian als Patron seit 769 neben das Marienpatrozinium des Domklosters trat. Dieses Datum ist kein Zufall, denn die

Entstehung der Vita Corbiniani liegt kurz vor 769. Arbeo hat also als Bischof (764–783) wie als Hagiograph die Kultverbreitung gefördert, ein sinnfälliges Beispiel dafür, zu welchen konkreten Zwecken Viten verfaßt wurden.[34] Auf ähnliche Weise hat sehr wahrscheinlich Emmeram in Regensburg das alte Georgspatrozinium seiner Grabkirche verdrängt. Die Viten Arbeos beleuchten das Vordringen der neuen Kulte und beschleunigen zugleich diesen Prozeß sehr wesentlich, ein Zeichen dafür, daß Hagiographie keine historische Berichterstattung, sondern in erster Linie Propagierung eines neuen Kultes durch die Beschreibung seiner Wirksamkeit ist. Mit dieser Tendenz hängt auch der eigentümliche, irrationale und dennoch „wirkliche" Wahrheitsbegriff zusammen, der in den hagiographischen Wunderberichten ebenso zutage tritt wie in den Legendenfälschungen, die auf Ruhmes- und Besitzmehrung eines Kultzentrums abgestellt sind.[35]

Fassen wir zusammen. Die mentalitätsmäßige und vornehmlich in Klöstern entstandene frühmittelalterliche Hagiographie gibt uns nicht nur Einblick in die Entstehung der aristokratischen, christlich sanktionierten Struktur des Frankenreiches, sondern sie ist selbst ein Symptom dieses gesellschaftlichen Prozesses. Die Vorbildhaftigkeit der Heiligenviten des 7. und 8. Jahrhunderts verkündet zwar in erster Linie ein christlich-asketisches Lebensideal, aber gleichzeitig verklärt und sanktioniert diese Art von kultischer Literatur die Träger dieses neuen Heiligenideals: den merowingischen Adel. Damit hat die frühe fränkische Hagiographie als Kultpropaganda auch weittragende mentalitätsmäßige und gesellschaftliche Folgen: sie begründet auf wirkungsvolle Weise den aristokratischen Charakter des Mittelalters und gibt ihm eine genuin christliche Legitimation.

8. Schlußbetrachtung und Ausblick

In der Epoche zwischen Spätantike und Frühmittelalter spielt die monastische Lebensform zweifellos im gesamten christlichen Europa eine zentrale Rolle. Dennoch gibt es Schwerpunkte in der Entwicklung, zum Beispiel, wie wir gesehen haben, den geistig-kulturell so bedeutsamen *irischen Anstoß* für die kontinentale Entfaltung des Mönchtums wie auch für den Aufbau der Mission in den weiten Räumen außerhalb der Grenzen des ehemaligen römischen Imperiums. Noch wichtiger wurde aber die Entfaltung des irofränkischen Mönchtums im fränkischen Großreich mit all den religiösen und gesellschaftsbildenden Folgen, die im Verlauf dieser Darstellung aufgezeigt worden sind. Das karolingische Reichsmönchtum war die Frucht dieser Entwicklung, ebenso die weitausgreifende Reichsmission in Mittel- und Ostmitteleuropa, sowie die geistige Frühblüte Europas in der ,,karolingischen Renaissance". Symptomatisch für den Aufstieg des fränkischen Benediktinertums war, daß sich wohl schon seit dem 7. Jahrhundert die Tradition von der Überführung der Benediktreliquien aus Montecassino nach dem benediktinisch-columbanischen Großkloster Fleury-sur-Loire entwickelte, ein fränkisches Kloster also Zentrum der benediktinischen Kulttradition wurde.[1] Ebenso wichtig ist in diesem Zusammenhang, daß von Fleury-sur-Loire aus unter Aigulf das alte vorbenediktinische monastische Großkloster der Provence, Lérins, in benediktinisch-columbanischem Sinne reformiert wurde. Hier wie in zahlreichen anderen Fällen läßt sich feststellen, daß die Ausbreitung des benediktinischen Mönchtums von den politischen und kirchlichen Zentren des Merowingerreiches zwischen Loire, Maas und Rhein aus erfolgte. Mit anderen Worten: Die Kulturbewegung, die seit der Antike immer vom Süden nach Norden rhoneaufwärts gegangen war, nimmt nun in der Form des benediktinisch geprägten Klosterwesens im 7. Jahrhundert erstmalig eine entgegengesetzte Richtung. Die Francia gibt aus dem fränkisch-merowingischen Kernraum die monastische Kultur nicht nur nach Norden und Nordosten weiter, was nur eine Fortsetzung des antiken Kulturtrends gewesen wäre, sondern sie wirkt kraftvoll in den Süden zurück, reformiert und ersetzt durch diesen Rückstrom allmählich die älteren monastischen Schichten und Lebensformen von Lérins und Tours, stößt dabei verschiedentlich auf Grenzen und Widerstände und setzt sich mit den Karolingern schließlich endgültig durch.

Ebenso kehrt das Benediktinertum in der irofränkischen, benediktinisch-columbanischen Lebensform mit der letzten Columban-Gründung Bobbio nach Italien zurück und gewinnt später in karolingischer Zeit mit dem neubegründeten Mutterkloster Montecassino, mit Farfa, S. Vincenzo am Volturno und mit der ursprünglich langobardischen Gründung Nonantula in Oberitalien große religiöse wie auch politische Bedeutung. Damit erweist sich im Bereich der Klosterkultur (und nicht nur in diesem!) das 7. Jahrhundert als eine entscheidende Epoche des Umbruchs und Neubeginns. Es fügt sich gut zu dieser Tatsache, daß Pierre Riché den eng gefaßten Begriff der „karolingischen Renaissance" in ein Bündel von Teilvorgängen aufgelöst hat und dieselben schon im 7. Jahrhundert beginnen läßt.[2]

Damit wäre der Weg des Mönchtums im 7. Jahrhundert und vor allem dessen weitreichende missionarische und gesellschaftliche Konsequenzen zumindest in den wichtigsten Phasen und Trends beleuchtet. Betrachtet man „historische Dialektik" nicht nur als eine logische Leerformel, sondern versteht sie als geschichtlichen Vorgang, dann könnte man die Entwicklung, die das Mönchtum von der rein asketischen Peregrinatio zu einer führenden Kraft der frühmittelalterlichen Gesellschaft, von radikaler Segregation und Abkehr von der Welt zur aktiven Weltgestaltung gewonnen hat, in der Tat als „dialektisch" bezeichnen; und zwar in der Weise, daß der missionarische Auftrag immer wieder die Hinwendung zur „Welt" erzwang, ohne daß damit jene unaufhebbare Spannung beseitigt werden konnte, die zwischen mönchischer Weltentsagung und Wirken in dieser Welt zwangsläufig gegeben ist. Wahrscheinlich war und ist gerade diese Spannung die geheime Kraftquelle, durch die damals wie heute Mönchtum möglich und wirksam wird. Freilich, für die erfolgreiche und folgenreiche Verbindung zwischen merowingisch-karolingischem Benediktinertum einerseits und Königtum und klostergründendem Adel andererseits mußte eine große, immer wieder akut werdende Bedrohung in Kauf genommen werden, die das Mönchtum seit Willibrord und Bonifatius immer wieder in politisch-herrschaftliche Belange und Ansprüche verwickelte. Alkuins Differenzen mit Karl dem Großen wegen der Art und Weise, wie vom Herrscher die Sachsenmission durchgeführt wurde, sind nur ein Symptom eines generellen Vorganges, den ich mit dem Begriff der „Instrumentalisierung der Reichskirche" durch die Karolinger umschrieben habe und in den die karolingischen Reichsäbte weitgehend mit verwickelt waren.[3]

Bekanntlich waren die karolingischen Äbte neben den Bischöfen die Hauptträger der Reichsverwaltung, sie hatten mit ihren Klosterkontingenten Heeresdienst zu leisten und versahen wesentliche Aufgaben in der Verwaltung; ihre Klöster und deren ertragreiche Grundherrschaften waren zugleich Stützpunkte der Königsmacht und Ausbildungsstätten von Verwaltungspersonal für den Herrscher; d.h. Kult, religiöses Leben und politisch-herrschaftliche Aufgaben waren etwa in St. Martin in Tours, in Corbie, Fulda, Lorsch und auf der Reichenau fast fugenlos verbunden. Damit war die ständige Gefahr gegeben, daß ein Kloster verweltlichte und seine religiösen Aufgaben vernachlässigte – nicht aus bösem Willen, sondern wegen des Übermaßes politisch-gesellschaftlicher Verpflichtungen, wie wir es heute bezeichnen würden. Von daher verstehen sich auch die immer wieder erneuerten Reformansätze im monastischen Bereich seit Benedikt von Aniane und Ludwig dem Frommen.[4] Es zeigt sich hier von Anbeginn an in immer neuen und oft bedrohlichen Formen die letztlich unaufhebbare, manchmal extreme Spannung zwischen Reichspolitik und öffentlichen Verpflichtungen einerseits, die ein karolingischer Reichsabt für sich, sein Kloster und dessen militärische und wirtschaftliche Kraft zu erfüllen hatte, und der radikal-asketischen, weltverneinenden Grundsubstanz des Mönchtums andererseits. Es blieb dies eine Spannung, die auf die Dauer kaum durchgehalten werden konnte, wenn das Kloster nicht die Lebensnorm aufgeben wollte, nach der es im Geiste Benedikts angetreten war.

Als ein bedrohliches Symptom der Politisierung ebenso wie der Adelsherrschaft über die Kirche und über die Klostergemeinschaften und zugleich als Problematisierung dieser gefahrvollen Entwicklung durch Benedikt von Aniane und andere ist das Phänomen des karolingischen „Laienabtes" zu betrachten.[5] Der mächtige adelige Laienabt, der bis zur Klosterreform des 9. Jahrhunderts so gut wie unangefochten das Bild der karolingischen Klostergesellschaft beherrscht, der mit dem König in den Krieg zieht, in der Reichsverwaltung und Diplomatie tätig ist und eine oft riesige klösterliche Grundherrschaft leitet, dieser Typus, der beileibe nicht unfromm oder gar verderbt sein muß, wird im Reformzeitalter plötzlich nach verschärften, christlich-monastischen Maßstäben problematisiert und teilweise eliminiert. Indem der schmale Teil des breiten Bedeutungsfeldes „Abt", den Benedikt von Aniane und seine rigoristischen Anhänger vertraten, als Inhalt des Begriffs „Abt" schlechthin allgemein verbindlich gemacht wurde, mußten alle anderen auch weltliche Aufgaben umfassenden Bedeutungen des Wortes wegfallen, d.h. kriminalisiert werden.[6] Wurden die Reformideen Benedikts von Aniane verwirklicht, war die Zwischenschicht, die Geistliches und Weltliches ohne innere Divergenz verband und der Heinrich Fichtenau Äbte wie Alkuin, Angilbert und Einhart zurechnet,[7] zum Verschwinden verurteilt. Am Ende stand auf der einen Seite der neue, reformierte Abt, der aufgrund seiner nur-monastischen Ausrichtung als karolingischer Herrschaftsträger unbrauchbar sein mußte, auf der anderen Seite der Laienabt, der diesen Aufgabenbereich des alten Abtes wahrnahm, aber als Klosterleiter untragbar erschien. „Pointiert ausgedrückt: Die Reform Benedikts von Aniane wandte sich nicht gegen die Laienäbte, sondern brachte sie erst hervor."[8]

Eine geistig-religiöse Konsequenz ist dieser Entwicklung des 9. Jahrhunderts nicht abzusprechen, vor allem, wenn man sich der Anfänge des Mönchtums als einer bewußten „Gegenkultur" gegenüber der sinnesfrohen spätantiken Großstadtzivilisation erinnert, deren radikale Segregation von einer noch heidnischen oder nur oberflächlich christianisierten Gesellschaft nur allzu verständlich und berechtigt war. Es ist faszinierend zu beobachten, wie das Mönchtum, bewußt am Rande der Gesellschaft angesiedelt und von einer christlich-asketischen Protesthaltung gegen die spätantike Weltzivilisation ausgehend, im Verlaufe des Frühmittelalters gleichsam wider Willen und entgegen dem eigenen asketischen Selbstverständnis in den Mittelpunkt der merowingischen und karolingischen Gesellschaft vorrückt und ein tragendes Element der frühmittelalterlichen Adelsgesellschaft wie auch der materiellen Landesentwicklung wurde.

Die Hagiographie dieser fränkischen Epoche läßt den neuen Typ des „Adelsheiligen" erkennen. Mit ihm gewinnt die archaische Adelsgesellschaft eine neue, nunmehr christliche Rechtfertigung und Stärkung. Haus- und Familienklöster der Könige, der Hausmeier und des Adels sind Ausdruck einer neuen, christlichen Adelskultur, die das gesamte Früh- und Hochmittelalter maßgeblich bestimmt. „Nobilitas" wird in diesem Kontext gleichsam zur natürlichen Voraussetzung der „Sanctitas". Der Heilige aus den Reihen des Adels, der adelige Mönch und Klosterstifter tragen mittelbar zur religiösen Legitimierung politischer Adelsherrschaft bei, ein Phänomen, das um so bemerkenswerter ist, als ja das Christentum, modern ausgedrückt, eine prinzipiell und radikal „egalitäre" Religion ist.[9] In der monastischen Lebensform tritt dieser Grundzug christlichen Selbstverständnisses, die Gleichheit aller Menschen vor Gott, besonders klar hervor. Wenn benediktinisches Mönchtum dennoch zu einer prägenden Kraft des aristokratischen Mittelalters geworden ist, so gehört dies zu den Paradoxa, an denen die Geschichte so reich ist. Daß das Mönchtum damit an der Wiege der europäischen Gesellschaft stand und daß dies im Zeichen der benediktinischen Lebensordnung und vornehmlich auf dem Boden des Frankenreiches geschah, war der gemeinsame Grundtenor der vorausgegangenen Kapitel. Es ist wohl nicht zu hoch gegriffen, das benediktinische Mönchtum zu den „Verwandlern der Welt" zu rechnen, es hat auf seine Art und in welthistorisch wirksamer Weise die Kluft zwischen Römern und Barbaren geschlossen und damit das Jahrtausend mittelalterlicher europäischer Kultur mit heraufgeführt.

„An ihren Werken sollt ihr sie erkennen!" – Wenn dieses Wort gilt, dann taucht hinter der geistlichen und kulturellen Leistung des benediktinischen Mönchtums auch die ragende Gestalt des Ordensgründers auf, dessen konkretes Leben und Wirken uns auf so seltsame Weise nach wie vor entrückt bleibt.

Anmerkungen

Einführung

1 *F. Nietzsche,* Zur Genealogie der Moral, in: *K. Schlechta* (Hrsg.), Friedrich Nietzsche, Werke in drei Bänden, München 1955, II, S. 884.

2 Paris [4]1958. (Erstauflage: Bibliothèque des Écoles Françaises d'Athènes et de Rome, vol. 143, Paris 1938).

3 Für die Problematik des Überganges zwischen Antike und Mittelalter vgl. *P. E. Hübinger* (Hrsg.), Zur Frage der Periodengrenze zwischen Altertum und Mittelalter (Wege der Forschung Bd. II), Darmstadt 1969; *Ders.* (Hrsg.), Kulturbruch und Kulturkontinuität im Übergang von der Antike zum Mittelalter (Wege der Forschung Bd. CCI), Darmstadt 1968; *Ders.* (Hrsg.), Bedeutung und Rolle des Islam beim Übergang vom Altertum zum Mittelalter (Wege der Forschung Bd. CCII), Darmstadt 1968.

4 *A. Alföldi,* The Conversion of Constantine and Pagan Rome, Oxford 1948.

5 *Ch. N. Cochrane,* Christianity and Classical Culture. A Study of Thought and Action from Augustus to Augustine, Oxford 1944.

6 *M. L. W. Laistner,* Christianity and Pagan Culture in the later Roman Empire, Ithaka – New York 1951.

7 *P. de Labriolle,* La réaction paienne. Étude sur la polémique antichrétienne du Ier au VIe siècle, Paris 1934.

8 *H. Hagendahl,* Latin Fathers and the Classics, Göteborg 1958; *P. Riché,* Éducation et culture dans l'occident barbare, VIe – VIIe siècle (Patristica Sorbonnensia 4), Paris 1962.

9 *A. Momigliano* (Hrsg.), The conflict between Paganism and Christianity in the Fourth Century, Oxford 1964 (mit Beiträgen von *A. Momigliano, A. H. M. Jones, J. Vogt, E. A. Thompson, A. A. Barb, H. I. Marrou, P. Courcelle* und *H. Bloch*).

10 Centri e vie di irradiatione della civiltà nell'Alto Medioevo, Bd. XI, Spoleto 1964; La scuola nell'occidente latino dell'Alto Medioevo e la formazione della civiltà occidentale, Bd. IV, Spoleto 1957.

11 Reallexikon für Antike und Christentum, Stuttgart 1950/76, bisher 9 Bde.

12 *F. Prinz* (Hrsg.), Mönchtum und Gesellschaft im Frühmittelalter (Wege der Forschung Bd. CCCXII), Darmstadt 1976, S. 1 f. (Einleitung).

1. Phänomenologie des westeuropäischen Mönchtums im Überblick

1 *K. Weber,* Kulturgeschichtliche Probleme der Merowingerzeit im Spiegel frühmittelalterlicher Heiligenleben, in: SMBO 48 (1930), S. 349ff.

2 *Hieronymus,* ep. 39,6 (antimonastische Strömungen in Rom), CSEL 54, S. 305ff.; *Salvian,* De gub. 8,5 (in Karthago), CSEL 8, S. 199f. – *Rutilius Cl. Namatianus,* De

reditu suo I, v. 439ff. (ed. Dobelhofer), S. 120; *F. Préchac,* Rutilius Namatianus sur son retour, Paris 1933, S. 23f. und 27; *P. de Labriolle,* Rutilius Namatianus et les moines, in: Rev. des Études latines 6 (1928), S. 32; *F. Prinz,* Frühes Mönchtum im Frankenreich. Kultur und Gesellschaft in Gallien, den Rheinlanden und Bayern am Beispiel der monastischen Entwicklung (4. bis 8. Jahrhundert), München–Wien 1965, S. 455ff.; *R. Lorenz,* Das vierte bis sechste Jahrhundert (Westen), in: Die Kirche in ihrer Geschichte, hg. von *K. D. Schmidt* und *E. Wolf,* Bd. I, C 1, Göttingen 1970, S. 53.

3 *R. Lorenz,* Die Anfänge des abendländischen Mönchtums im 4. Jahrhundert, in: ZKG 77 (1966), S. 4ff.

4 *Ders.,* a. a. O., S. 38ff.

5 DACL XV, 2, col. 2602f.; *C. Jullian,* Histoire de la Gaule VII, Paris 1926, S. 268 f.

6 *R. Lorenz,* Das vierte bis sechste Jahrhundert, S. 49ff.

7 *R. Lorenz,* Die Anfänge, S. 3 ff. und 18ff.; *K. Baus,* Das Mönchtum des lateinischen Westens; *Ders.,* Lateinisches Mönchtum von der Mitte des 5. bis zum Ende des 7. Jahrhunderts, in: Hdb. d. Kirchengeschichte, hg. von *H. Jedin,* Bd. II, 1, S. 401f. und II, 2, S. 277ff., Freiburg i. Br. 1973/75.

8 *K. Heussi,* Der Ursprung des Mönchtums, Tübingen 1936, S. 53–58; *R. Lorenz,* Die Anfänge, S. 3.

9 *E. Spreitzenhofer,* Die Entwicklung des alten Mönchtums von seinen ersten Anfängen bis zum Auftreten des hl. Benedikt in Italien, Wien 1894; *L. H. Cottineau,* Répertoire topo – bibliographique des abbayes et prieurés, 2 Bde., Macon 1935/39; *D. Gorce,* La lectio divina des origines du cénobitisme à S. Bénoît et Cassiodore, Bd. I: S. Jérôme et la lecture sacrée dans le milieu ascétique romain, Paris 1925; *Ph. Schmitz,* La première communauté des vierges à Rome, in: Rev. Ben. 38 (1926), S. 189ff.; *G. D. Gordini,* Forme di vita ascetica a Roma nel IV secolo, in: Scrinium Theologicum 1 (1953), S. 9ff.; *Ders.:* Origine e sviluppi del monachesimo a Roma, in: Gregorianum 37 (1956), S. 220ff.; *R. Metz,* La consécration des vierges dans l'église romaine (Biblioth. de l'institut de droit canonique de l'univers. de Strasbourg 4), Paris 1954; *G. Ferrari,* Early Roman Monasteries, Rom 1957, übt mit Recht Kritik an den monastischen Überlieferungen Roms vor dem 5. Jahrhundert; *G. Penco,* Storia del monachesimo in Italia dalle origini alla fine del Medio Evo, vol. I, Roma 1961; *R. Lorenz,* Die Anfänge, S. 1–61, bes. S. 3–12; *K. Baus, E. Ewig,* Die Reichskirche nach Konstantin d. Gr., in: Hdb. d. Kirchengeschichte, hg. *v. H. Jedin,* Bd. II, 1 u. 2, Freiburg i. Br. 1973 u. 1975.

10 S. unten Kap. 3.

11 *B. Altaner, A. Stuiber,* Patrologia. Leben, Schriften und Lehre der Väter, Freiburg – Basel – Wien 1966[7], S. 245f.

12 Vgl. *Orosius,* Adversus paganos 7, 33, CSEL V, S. 515f.

13 Vgl. *K. Heussi,* Der Ursprung des Mönchtums, Tübingen 1936; *B. Lohse,* Askese und Mönchtum in der Antike und in der alten Kirche, München – Wien 1969; *A. J. Festugière,* Les moines d'Orient, 4 Bde., Paris 1961/65; *G. Melani,* Monachesimo Orientale, Jerusalem 1970.

14 *Eusebius,* Historia ecclesiastica 6, 43, 16; GCS 9, 2, S. 620; *R. Lorenz,* Die Anfänge, S. 3f. – Noch fraglicher ist es, ob bei der Kirche S. Agnese eine von Konstantins Tochter Constantina gegründete Jungfrauengemeinschaft oder gar ein Nonnenkloster bestand; *G. Ferrari,* Early Roman Monastries, S. 27ff.

15 *Hieronymus,* ep. 127, 5, CSEL 56, S. 149.
16 *Hieronymus,* ep. 127, 8, CSEL 56, S. 151.
17 *Hieronymus,* ep. 127, CSEL 56, S. 147ff. und ep. 24, CSEL 56, S. 214ff.; *Palladius,* Historia Lausiaca c. 41, Butler II, S. 129.
18 *Hieronymus,* ep. 108, CSEL 55, S. 308ff.; *Palladius,* Historia Lausiaca c. 61, Butler II, S. 155f.; *Hieronymus,* ep. 130, CSEL 56, S. 182. – Paulas Tochter Eustochium lebte 384 zusammen mit ihren zur Virginität bekehrten Sklavinnen in klosterähnlicher Gemeinschaft; *Hieronymus,* ep. 22, CSEL 54, S. 187.
19 *Palladius,* Historia Lausiaca c. 6, Butler II, S. 22f.; *Hieronymus,* ep. 108, CSEL 55, S. 310ff.; *F. X. Murphy,* Melania the Elder. A biographical note, in: Traditio 5 (1947), S. 59–77.
20 *Ambrosius,* De virginitate 3, 4, Migne, PL 16, col. 224; *Palladius,* Historia Lausiaca c. 41, Butler II, S. 128f.; *Paulinus,* Vita Ambrosii c. 4, Migne, PL 14, col. 30; *R. Lorenz,* Die Anfänge, S. 6f.
21 *R. Lorenz,* Die Anfänge, S. 12.
22 *Augustinus,* De mor. eccl. cath. I 33, 70–73, Migne, PL 32, col. 1339ff.
23 *G. Ferrari,* Early Roman monasteries, S. 411ff. – Es handelt sich um: Ad Lunam (nicht lokalisiert), in Catacumbas (S. Sebastian), SS. Johannis et Pauli (Vatikan), S. Stephanus, S. Laurentius foris muros; alle waren päpstliche Gründungen und in der Mehrzahl wohl Basilikalklöster.
24 *Ambrosius,* ep. 63 u. 66, Migne, PL 16, col. 1188ff. und 1224ff. und Sermo Spur. 7,2 (= *Maximi Taur.), CC XXIII, S. 25.*
25 *Augustinus,* De mor. eccl. cath. I 33,70, Migne, PL 32, col. 1339ff.; Confessiones 8, 6, 15, CSEL XXXIII, I, S. 182.
26 *Sulpitius Severus,* Vita Martini 6,5, dazu *J. Fontaine,* Vie de S. Martin II, SChr. 134, S. 582–602; *P. Fabre,* S. Paulin de Nole, Paris 1949, S. 39ff.
27 *F. Prinz,* Frühes Mönchtum, S. 19–46.
28 *Palladius,* Hist. Lausiaca c. 61, Butler II, S. 156.
29 Für Gallien *F. Prinz,* Frühes Mönchtum, S. 47ff.; für Nordafrika *Ambrosius,* De virginibus I, 10, Migne, PL 16, col. 205; dazu *K. Baus, E. Ewig,* Reichskirche II, 1, S. 393f.
30 *A. de Vogüé,* La Règle d'Eugippe retrouvée, in: Rev. d'asc. et de myst. 47 (1971), S. 233–266; zu Severin *F. Prinz,* Frühes Mönchtum, S. 321ff. und *F. Lotter,* Severinus von Noricum. Legende und Wirklichkeit (Monographien zur Geschichte des Mittelalters 12), Stuttgart 1976.
31 *J. J. Gavignan,* De vita monastica in Africa Septemtrionali inde a temporibus S. Augustini usque ad invasionem Arabum, Toledo 1962, S. 116ff. und 145ff.
32 RB c. 4,78, c. 58,17, c. 60,9, CSEL 75, S. 35, 136 und 141; zu Benedikt vgl. die Bibliographie raisonné nebst umfassendem Forschungsüberblick bei *B. Jaspert,* Benedikt von Nursia – der Vater des Abendlandes?, in: Erbe und Auftrag 49 (1973), S. 190–207; *Ders.,* Die Regula Benedicti – Regula Magistri – Kontroverse (Regulae Benedicti Studia, Suppl. Bd. 3), Hildesheim 1975.
33 *J. F. Angerer,* Das Mönchtum im karolingischen Reich, in: Die Anfänge des Klosters Kremsmünster, Linz 1978, S. 11–24.
34 *R. Lorenz,* Das vierte bis sechste Jahrhundert, S. 95ff. und S. 106; *K. Baus, E. Ewig,* Die Reichskirche II/2, S. 273f.
35 Zur Zerstörung Montecassinos und zu den Folgen der langobardischen Invasionen

vgl. *T. Leccisotti,* Le conseguenze dell'invasione longobarda per l'antico monachesimo italico, in: Atti I° congresso internaz. Studi longobardi Spoleto 1951, S. 369–376; *H. S. Brechter,* in: SMBO 56 (1938), S. 109–150. – Zur Ausbreitung der Benediktinerregel s. unten Kap. 3.

36 *G. Ferrari,* Early Roman Monasteries, S. 411–417. – Ein Teil dieser Klöster dürfte allerdings innerhalb dieses Zeitraumes wieder verschwunden sein.

37 *R. Lorenz,* Das vierte bis sechste Jahrhundert, S. 52f.

38 *F. Prinz,* Frühes Mönchtum, S. 96f.; *F. Martin,* Vie des pères du Jura. Introduction, texte critique, lexique, traduction et notes, SChr. 142, S. 426ff. = Vita S. Eugendi c. 174: „sic namque quod non illa omnino quae quondam sanctus ac praecipuus Basilius Cappadociae urbis antistes, vel ea quae sancti Lirinensium patres, sanctus quoque Pachomius Syrorum priscus abba, sive illa quae recentior venerabilis edidit Cassianus fastidiosa praesumptione calcamus; sed ea cotidie lectitantes, ista pro qualitate loci et instantia laboris invecta potius quam Orientalium perficere adfectamus, quia procul dubio efficacius haec faciliusque natura vel infirmitas exsequitur Gallicana." Die Betonung der gallischen Eigenständigkeit infolge der andersgearteten Natur der Gallier geht zurück auf: *Cassianus,* Instit. III, 1, IV, 11 und Praefatio, CSEL 17, S. 33, 54 und 6f.

39 *R. Lorenz,* Das vierte bis sechste Jahrhundert, S. 53.

40 *Cassianus,* Instit. III, 1 und IV, 11 sowie Praef., CSEL 17, S. 33, 54 und 6f.; dazu *F. Prinz,* Frühes Mönchtum, S. 95f.

41 *Cassianus,* Conlationes 18, 5, 2f., CSEL 13, S. 510; dazu *B. Lohse,* Askese und Mönchtum in der Antike und in der alten Kirche, München–Wien 1969, S. 224f.

42 Vgl. *F. Prinz,* Frühes Mönchtum, S. 226 und die kontroversen Beiträge von *E. Manning, F. Masai, R. Hanslik, A. de Vogüé* u. a. in: Regula Benedicti Studia I, Hildesheim 1972. Letzterer wies die Verwendung der RM in der neu aufgefundenen Regula Eugippii nach, s. oben, Anm. 30.

43 *F. Prinz,* Frühes Mönchtum, S. 98 unter Bezug auf *Gregor von Tours,* Vitae Patrum 20, SS rer. Merov. I, II, S. 742.

44 Siehe oben Anm. 6 und 7.

45 Lit. zu Kirche und Mönchtum in Irland bei *E. Ewig,* Die Missionsarbeit der lateinischen Kirche, 12. Kap. Die Anfänge des Christentums in Irland und Schottland, in: *H. Jedin* (Hrsg.), Hdb. der Kirchengeschichte Bd. II, 2, Freiburg – Basel – Wien 1975, S. 95–102; *F. J. Byrne,* Die keltischen Völker (5.–11. Jahrhundert), in: Hdb. der europäischen Geschichte Bd. 1, Stuttgart 1976, S. 448–493; *Th. Schieffer,* Reichskirchen und Landeskirchen des 7. Jahrhunderts, ebenda S. 504–526, bes. S. 516ff.; *R. E. McNally,* Die keltische Kirche in Irland, in: *K. Schäferdiek* (Hrsg.), Kirchengeschichte als Missionsgeschichte Bd. II, 1: Die Kirche des frühen Mittelalters, München 1978, S. 91–115 und S. 523. – An Einzelwerken seien genannt *W. Delius,* Geschichte der irischen Kirche von ihren Anfängen bis zum 12. Jahrhundert, München–Basel 1954; *L. Bieler,* Irland, Wegbereiter des Mittelalters, Olten 1961; *K. Hughes,* The Church in early Irish Society, London 1966; *J. Ryan,* Irish Monasticism. Origins and early Development, Dublin 1931 (ergänzte Neuaufl. New York 1972). Immer noch unentbehrlich *J. F. Kennedy,* The Sources for the early History of Ireland I, New York 1929, ND 1967.

46 *K. Hughes,* Church, S. 81ff.; *J. Ryan,* Monasticism, S. 298ff.; Léarscailiocht Eireann. Map of Monastic Ireland, Dublin 1959.

47 *K. U. Jäschke,* Kolumban von Luxeuil und sein Wirken im alemannischen Raum, in: *A. Borst* (Hrsg.), Mönchtum, Episkopat und Adel zur Gründungszeit des Klosters Reichenau (Vorträge und Forschungen Bd. XX), Sigmaringen 1974, S. 77–130, bes. S. 95f.

48 *F. J. Byrne,* Die keltischen Völker, S. 455.

49 Die Iren stützten sich auf den älteren Osterzyklus des Westens, der noch in den Instruktionen Papst Leos d. Gr. den Kelten 454 bekanntgeworden sein muß. Der Abbruch der Beziehungen zum Kontinent und Mittelmeerraum muß kurz danach erfolgt sein, da der 457 in Rom rezipierte neue Osterzyklus des Victorius nicht mehr in der irischen Kirche mitvollzogen wurde. Vgl. *R. P. C. Hanson,* Saint Patrick. His origins and career, Oxford 1968, S. 67ff.

50 *B. Bischoff,* Mittelalterliche Studien, 2 Bde., Stuttgart 1966/67; I, S. 195ff. (Il Monachesimo Irlandese nei suoi rapporti col continente); 205ff. (Wendepunkte in der Geschichte der lat. Exegese im Frühmittelalter); II, S. 246ff. (Das griechische Element in der abendländischen Bildung des Mittelalters).

51 *L. Holtz,* Les grammaires irlandais et le continent au VIIe siècle, Colloquium D. University College, Dublin, 11.–14. Mai 1977 (ms).

52 Unten Kap. 4.

2. Politische und sozialstrukturelle Voraussetzungen des altgallischen Mönchtums im 5./6. Jahrhundert

1 *H. Nesselhauf,* Die spätrömische Verwaltung der gallisch-germanischen Länder, in: Abhandl. d. Preuß. Akad. d. Wiss., Phil. hist. Kl. Nr. 2 (1938), S. 33.

2 *F. Prinz,* Frühes Mönchtum, S. 47ff.

3 *K. F. Stroheker,* Der senatorische Adel im spätantiken Gallien, Tübingen 1948; *M. Heinzelmann,* Bischofsherrschaft in Gallien. Zur Kontinuität römischer Führungsschichten vom 4. bis 7. Jahrhundert. Soziale, prosopographische und bildungsgeschichtliche Aspekte (Francia, Beihefte 5), Zürich – München 1976.

4 *F. Prinz,* Frühes Mönchtum, Kartenteil Nr. II, III.

5 *Ders.,* a.a.O., S. 63; *L. M. Duru,* Bibliothèque hist. del'Yonne, 2 Bde., Auxerre 1850/63, I, S. 318; Vita Germani c. 6, SS rer. Merov. VII, S. 254; *R. Louis,* Autessiodurum christianum. Les églises d'Auxerre des origines au XIme siècle, Paris 1952, S. 14f.

6. *A. H. M. Jones, P. Grierson, J. A. Crook,* The authenticity of the „Testamentum S. Remigii", in: Rev. Belge de philologie et d'histoire 35 (1957), S. 356–373.

7 *E. Winheller,* Die Lebensbeschreibungen der vorkarolingischen Bischöfe von Trier (Rhein. Archiv 27), Bonn 1935; *E. Ewig,* Trier im Merowingerreich. Civitas, Stadt, Bistum, Trier 1954, S. 97ff.

8 Zuletzt darüber *F. Prinz,* Klerus und Krieg im früheren Mittelalter. Untersuchungen zur Rolle der Kirche beim Aufbau der Königsherrschaft (Monographien zur Geschichte des Mittelalters 2), Stuttgart 1971, S. 37ff.; *Ders.,* Die bischöfliche Stadtherrschaft im Frankenreich vom 5. bis zum 7. Jahrhundert, in: Bischofs- und Kathedralstädte des Mittelalters und der frühen Neuzeit, hg. v. *F. Petri,* Köln – Wien 1976, S. 1–26.

9 *F. Prinz,* Klerus und Krieg, S. 61ff.; *J. Semmler,* Episcopi potestas und karolingi-

sche Klosterpolitik, in: *A. Borst* (Hrsg.), Mönchtum, Episkopat und Adel zur Gründungszeit des Klosters Reichenau (Vorträge und Forschungen Bd. XX), Sigmaringen 1974, S. 305–395. – Um jedem Mißverständnis vorzubeugen, sei hinzugefügt, daß sich der Vergleich mit Rom ausschließlich auf den generellen Typus „bischöfliche Stadtherrschaft" bezieht, jedoch keineswegs auf die frühe und intensive geistig-geistliche Ausstrahlung im lateinischen Westen, die auf einem anderen Blatt steht. *K. Hallinger* hat in seinen bahnbrechenden Untersuchungen überzeugend nachgewiesen, wie stark und wie früh Rom auf Gallien einwirkte, was auch für den monastischen Bereich gilt. Um die mit Klöstern versehene, quasi autonome Bischofsstadt geht es in unserem Zusammenhang. Vgl. *K. Hallinger,* Römische Voraussetzungen der bonifatianischen Wirksamkeit im Frankenreich, in: Bonifatius-Gedenkgabe, Fulda[2]1954, S. 320–361; *Ders.;* Papst Gregor der Große und der hl. Benedikt, in: Studia Anselmiana 42 (1957), S. 259ff.

10 Für diese „private", durch anarchische Regelvielfalt gekennzeichnete Frühphase des Mönchtums, in der sich orientalische Einflüsse und autochthone Wurzeln verbinden, vgl. die zusammenfassende Studie von *R. Lorenz,* Die Anfänge des abendländischen Mönchtums im 4. Jahrhundert, in: ZKG 77 (1966), S. 1–61.

11 Vgl. die zahlreichen Kirchen, die im Remigius-Testament genannt sind; s. oben Anm. 6.

12 *K. Böhner,* Die fränkischen Altertümer des Trierer Landes, 2 Bde., Berlin 1958; *F. Prinz,* Frühes Mönchtum, S. 196 ff.

13 Einzelnachweise bei *F. Prinz,* Frühes Mönchtum (Register); ferner *J. Semmler,* Episcopi potestas, vgl. oben Anm. 9.

14 *Gregor von Tours,* Hist. Franc. VI, 46, SS rer. Merov. I, 1, S. 286. – „Ecce pauper remansit fiscus noster, ecce divitiae nostrae ad ecclesias sunt translatae; nulli penitus nisi soli episcopi regnant; periit honor noster et translatus est ad episcopus civitatum ...".

15 *L. Ueding,* Geschichte der Klostergründungen der frühen Merowingerzeit, Berlin 1935; *F. Prinz,* Frühes Mönchtum, S. 152 ff.; *K. H. Krüger,* Königsgrabkirchen der Franken, Angelsachsen und Langobarden bis zur Mitte des 8. Jahrhunderts (Münstersche Mittelalter-Schriften Bd. 4), München 1971, S. 38–250.

16 *F. Prinz,* Frühes Mönchtum, S. 121 ff.

17 *F. Prinz,* Heiligenkult und Adelsherrschaft im Spiegel merowingischer Hagiographie, in: HZ 204 (1967), S. 529–544.

3. Die Ausbreitung der Regula Benedicti

1 MG Capitularia I, S. 164, Nr. 72, c. 12; grundlegend *K. Hallinger,* Corpus consuetudinum monasticarum Bd. I (Initia consuetudinis Benedictinae), Siegburg 1963; wertvoll für den Stand der RB-Forschung ist die Bibliographie von *B. Jaspert,* Regula Magistri – Regula Benedicti – Bibliographie ihrer Erforschung 1938–1970 (Subsidia Monastica I), Montserrat 1971; *Ders.,* Die Regula Benedicti – Regula Magistri – Kontroverse (Regulae Benedicti Studia–Suppl. Bd. 3), Hildesheim 1975; weniger brauchbar, weil oberflächlich und kaum Sachkenntnis verratend ist die Arbeit von *G. Constable,* Medieval Monasticism – a selected Bibliography, Toronto 1976. Der Autor bringt viele, zum Teil nebensächliche Titel, läßt aber

grundlegende Arbeiten außer acht. So fehlt zum Beispiel, wie wenige Stichproben ergeben, die wichtige Studie von *A. Angenendt,* Willibrord im Dienst der Karolinger, in: Annalen des Hist. Vereins f. d. Niederrhein 175 (1973), S. 63ff., ebenso die grundlegende Akademieabhandlung von *Th. Schieffer,* Angelsachsen und Franken. Zwei Studien zur Kirchengeschichte des 8. Jahrhunderts, in: Akad. d. Wiss. Mainz, Geistes- u. Sozialwiss. Klasse, Nr. 20 (1950), S. 1431ff., eine bahnbrechende Untersuchung von *J. Semmler,* Zur Überlieferung der monastischen Gesetzgebung Ludwigs des Frommen, in: DA 16 (1960), S. 309ff., die unentbehrliche Studie von *H. Mundó,* L'authenticité de la Regula S. Benedicti, in: Commentationes in Regulam S. Benedicti (Studia Anselmiana 42), Rom 1957, S. 105ff.

2 Oben Kap. 1.

3 Text der Ferreolus-Regel bei Holstenius-Brockie, Codex Regularum, 6 Bde., Augsburg 1760; II, S. 119–146 und Migne, PL 66, col. 959–976; dazu *J. Chapman,* Saint Benedict and the Sixth Century, London 1928, S. 118ff.

4 *G. Holzherr,* Die Regula Ferioli. Das älteste Zeugnis der Benedictinerregel?, Studia Anselmiana, fasc. Commentationes in Regulam S. Benedicti, Rom 1957, S. 223–229.

5 Siehe oben Anm. 3.

6 *G. Ferrari,* Early Roman Monasteries, Città del Vaticano 1957, S. 386–407. – Zur Bibel- und Liturgiereform vgl. *B. Fischer,* Bibeltext und Bibelreform unter Karl d. Gr., in: Karl d. Große, Lebenswerk u. Nachleben, Bd. II: Das geistige Leben, Düsseldorf 1965, S. 156–216; *C. Vogel,* La réforme liturgique sous Charlemagne, ebenda, S. 217–232.

7 *A. de Vogüé,* La Règle de S. Benoît. Introduction, traduction et notes, SChr. 181/I, S. 150ff.

8 Sancti Columbani Opera (ed. *G. S. M. Walker,* Dublin 1957); Epist. I, Ad Gregorium Papam, c. 9, S. 10. Brief an Papst Gregor den Großen, worin Columban Gregors Regula pastoralis erwähnt und sich dessen Ezechiel-Homilien wünscht; von der RB ist nirgends die Rede, doch ist dies natürlich kein Beweis gegen die Auffassung, Columban habe die RB durch Gregor vermittelt bekommen.

9 *A. Hauck,* Kirchengeschichte I, S. 288, Anm. 2 und S. 289 hat die m. E. unhaltbare Auffassung vertreten, daß die reine Columban-Regel sich von Luxeuil aus verbreitet habe und daß die Erwähnung der RB in den Klosterprivilegien des 7. Jahrhunderts spätere Interpolation sei; vgl. dagegen *F. Prinz,* Frühes Mönchtum, S. 284ff.; zu den Elementen der RB in der Columbanregel s. unten Anm. 24, 25.

10 Texte der Donatus-Regel bei Holstenius-Brockie, Codex Regularum III, S. 47ff., Migne, PL 87, c. 274–298; dazu *F. Prinz,* Frühes Mönchtum, S. 285f.

11 *A. de Vogüé,* La règle de S. Benoît, SChr. 181/I, S. 149ff.

12 *L. Traube,* Textgeschichte der Regula S. Benedicti, in: Abh. d. Bayer. Akad. d. Wiss., Hist. Kl., München 1898, S. 600–731, hier S. 633ff.

13 *K. F. Stroheker,* Der senatorische Adel im spätantiken Gallien, Tübingen [1]1948, Darmstadt [2]1970, S. 226 Nr. 405. Ein Bischof Venerandus aus senatorischem Geschlecht ist Mitte des 5. Jahrhunderts in Clermont bezeugt.

14 *K. Hallinger,* Papst Gregor der Große, S. 247ff.

15 *F. Prinz,* Frühes Mönchtum, S. 121ff.

16 *Ders.,* a. a. O., S. 124ff.

16a *Ders.,* a. a. O., S. 149f.; *G. Moyse,* Les origines du monachisme dans la diocèse de

Besançon (Ve–Xe siècle), Teil I, in: BECH 131/1, S. 21–104, Teil II, ebenda 131/2 (1973), S. 369–485.

17 Siehe oben S. 32f.

18 *F. Prinz,* Frühes Mönchtum, S. 163ff.; *K.-H. Krüger,* Königsgrabkirchen der Franken, Angelsachsen und Langobarden bis zur Mitte des 8. Jahrhunderts, München 1971, S. 171ff.

19 *F. Prinz,* Frühes Mönchtum, S. 152ff. und S. 185ff. – Zu Willibrord vgl. jetzt *A. Angenendt,* Willibrord im Dienst der Karolinger, in: Annalen des Hist. Vereins f. d. Niederrhein 175 (1973), S. 63–113, hier S. 76ff.

20 Siehe oben Anm. 8; vgl. dazu *Mabillon,* AASS OSB I (photomech. Nachdruck Solesmes – Les Mans 1935), Praefatio, S. XXXI.

21 Siehe oben, Text zu Anm. 12ff.; für das folgende *F. Prinz,* Frühes Mönchtum, S. 288ff.; anders *A. de Vogüé,* La règle, SChr. 181/I, S. 166ff.

22 MG Epist. III (ed. *W. Arndt*), S. 191–214. Die Briefe des Bischofs Constantius von Albi II 4, II 14, II 15. Den ersten schrieben Constantius und Audoenus von Rouen gemeinsam; vgl. dazu *F. Prinz,* Frühes Mönchtum, S. 135 und S. 504f.

23 Die Hypothese, daß Venerandus die RB um 625 als Kurzredaktion der RM verfaßte, wird man wohl als widerlegt betrachten müssen, an der Authentizität der RB ist heute wohl kein Zweifel mehr möglich. Zur Venerandus-These vgl. *J. Froger,* La Règle du Maître et les sources du monachisme bénédictin, in: RAM 30 (1954), S. 285–288, *Ders.,* Les anticipations du jeûne quadragésimal, in: Mélanges de Science Religieuse 3 (1946), S. 221–228 suchte Benedikt als Verfasser der RM zu erweisen; vgl. dagegen *A. Mundó,* L'authenticité de la „Regula S. Benedicti", in: Studia Anselmiana 42 (1957), S. 105–158.

24 *A. de Vogüé,* La règle, SChr. 181/I, S. 163ff.

25 *J. Laporte,* Étude d'authenticité des textes attribués à Columban, in: Revue Mabillon 46 (1956), S. 1–8.

26 *A. de Vogüé,* La règle, SChr. 181/I, S. 168f.

27 Die Bedeutung von Luxeuil für die geistige Formation des merowingischen Hofadels bezweifelte neuerdings ohne stichhaltige Argumente und entgegen den Aussagen zeitgenössischer Quellen *K. U. Jäschke,* Kolumban von Luxeuil und sein Wirken im alemannischen Raum, in: *A. Borst* (Hrsg.), Mönchtum, Episkopat und Adel zur Gründungszeit des Klosters Reichenau (Vorträge und Forschungen Bd. XX), Sigmaringen 1974, S. 77–130, hier S. 109f.

28 *F. Prinz,* Frühes Mönchtum, S. 249, 254, 421f.

29 *K. Hallinger,* Papst Gregor der Große, a. a. O., S. 247ff.; *A. Angenendt,* Willibrord, a. a. O., S. 76ff.; *Ders.,* Monachi Peregrini. Studien zu Pirmin und den monastischen Vorstellungen des frühen Mittelalters, München 1972, S. 230ff.

30 *J. Semmler,* Zur Überlieferung der monastischen Gesetzgebung Ludwigs des Frommen, in: DA 16 (1960), S. 309–388.

31 *P. Lehmann,* Mittelalterliche Bibliothekskataloge Deutschlands und der Schweiz I, München 1918, S. 77 und S. 251.

4. Mönchtum und Mission

1 Letzte Gesamtdarstellung mit Literatur *F. Prinz,* Frühes Mönchtum im Frankenreich. Kultur und Gesellschaft in Gallien, den Rheinlanden und Bayern am Beispiel der monastischen Entwicklung (4. bis 8. Jahrhundert), München – Wien 1965; vgl. auch *J. Wollasch,* Mönchtum des Mittelalters zwischen Kirche und Welt, München 1973.

2 *H. v. Schubert,* Geschichte der christlichen Kirche im Frühmittelalter, Tübingen [1]1921, Darmstadt [2]1962, S. 214ff.; *R. Lorenz,* Das vierte bis sechste Jahrhundert, in: Die Kirche in ihrer Geschichte, hg. v. *K. D. Schmidt* und *E. Wolf,* Bd. I, C 1, Göttingen 1970, S. 95ff. (mit Literatur über Gregor d. Gr.); *K. Hallinger,* Römische Voraussetzungen der bonifatianischen Wirksamkeit im Frankenreich, in: Bonifatius-Gedenkgabe, Fulda [2]1954, S. 320–361.

3 *F. M. Stenton,* Anglo-Saxon England, Oxford [3]1971; *W. Levison,* England an the Continent in the Eighth Century, Oxford 1956; *J. Godfrey,* The Church in Anglo-Saxon England, Cambridge 1962; *A. Ch. Thomas,* Britain and Ireland in Early Christian Times, AD 400–800, London 1971. – Zur Germanenmission allgemein vgl. *G. Haendler,* Geschichte des Frühmittelalters und der Germanenmission, in: Die Kirche in ihrer Geschichte, hg. v. *K. D. Schmidt* und *E. Wolf,* Bd. 2 E, Göttingen 1961. – Zur Frage des römischen Christentums in Britannien vgl. jetzt *K.-U. Jäschke,* Frühes Christentum in Britannien, in: AfK 56 (1974), S. 91–123.

4 *F. Prinz,* Frühes Mönchtum, S. 125 und 174f.; *E. Ewig,* Bemerkungen zu zwei Bischofsprivilegien und einem Papstprivileg des 7. Jahrhunderts für merowingische Klöster, in: *A. Borst* (Hrsg.), Mönchtum, Episkopat und Adel zur Gründungszeit des Klosters Reichenau (Vorträge und Forschungen Bd. XX), Sigmaringen 1974, S. 215–249, bes. S. 246ff.

5 *W. Fritze,* Universalis gentium confessio. Formeln, Träger und Wege universalmissionarischen Denkens im 7. Jahrhundert, in: Frühmittelalterliche Studien 3, (1969), S. 78–130, bes. S. 88ff.

6 *Ders.,* a.a.O., S. 106ff.; ferner *E. Ewig,* Bemerkungen, S. 246ff.

7 *L. Traube,* Die römische Literatur im Mittelalter, in: Vorlesungen und Abhandlungen II, München 1910, S. 131ff.; *E. A. Lowe* (Ed.), Codices latini antiquiores. A palaeographical Guide to Latin manuscripts prior to ninth century, 11 Bde. (= CLA), Oxford 1934/66.

8 *C. Vogel,* Les échanges liturgiques entre Rom et les pays francs jusqu'á l'époque de Charlemagne, in: Settimane VII (Le Chiese nei regni dell'Europa), Spoleto 1960, S. 185–295, bes. S. 188ff.; *O. Dobiaš-Roždestvenskaia,* Histoire graphique de Corbie de 651 à 830, reflétée dans les Corbeienses Leninopolitani, Leningrad 1934, S. 54ff., S. 115ff. u.ö.

9 *J. M. Wallace-Hadrill,* Rome and the Early English Church. Some Questions of Transmissions, in: Settimane VII (Le Chiese nei regni dell'Europa . . .), Spoleto 1960, S. 519–548, bes. S. 532ff. – Zu Lyon *E. A. Lowe,* CLA II Nr. 213.

10 *E. A. Lowe,* CLA III Nr. 299; II Nr. 213.

11 Kurzer Überblick mit der einschlägigen Literatur bei *F. Prinz,* Frühes Mönchtum, S. 516 ff.

12 Vita Columbani I, 4, MG SS. rer. Germ. in us. schol. (ed. *B. Krusch*), Hannover 1905, S. 159: „coepit peregrinationem desiderare memor illius Domini imperii ad

Abraham: Exi de terra tua et de cognatione tua et de domo patris tui et vade in terram, quam monstrabo tibi". Hierzu und zum folgenden grundlegend *H. v. Campenhausen,* Die asketische Heimatlosigkeit im altkirchlichen und frühmittelalterlichen Mönchtum, Tübingen 1930; *B. Kötting,* Peregrinatio religiosa, Münster 1950, *A. Angenendt,* Monachi Peregrini. Studien zu Pirmin und den monastischen Vorstellungen des frühen Mittelalters, München 1972, S. 124ff.

13 *F. Prinz,* Frühes Mönchtum, S. 127f.

14 *J. Leclercq,* Mönchtum und Peregrinatio im Frühmittelalter, in: Röm. Quartalschrift 55 (1960), S. 212–225. Falsch interpretiert ist der eremus-Topos bei *D. von der Nahmer,* Die Klostergründung „in solitudine". Ein unbrauchbarer hagiographischer Topos?, in: Hess. Jb. f. Landesgeschichte 22 (1972), S. 90–111; ebenso unkritisch *A. Angenendt,* Monachi Peregrini, S. 158f.; dazu *F. Prinz,* Topos und Realität in hagiographischen Quellen, in: ZBLG 37 (1974), S. 162–166.

15 Vita Columbani I c. 5, MG SS rer. Germ. in us. schol., a. a. O., S. 161: „A Brittanicis ergo sinibus progressi, ad Gallias tendunt, ubi tunc vel ob frequentia hostium externorum vel neglegentia praesulum religionis virtus pene abolita habebatur. Fides tantum manebat christiana, nam penitentiae medicamenta et mortificationis amor vix vel paucis in ea repperiebatur locis". Dazu und zum folgenden *F. Prinz,* Frühes Mönchtum, S. 121–151.

16 Mélanges Columbaniens, Paris 1950; vgl. auch *L. Bieler,* Irland. Wegbereiter des Mittelalters, Olten – Lausanne – Freiburg i. Br. 1961; neueste Literatur bei *K.-U. Jäschke,* Kolumban von Luxeuil und sein Wirken im alemannischen Raum, in: *A. Borst* (Hrsg.), Mönchtum, Episkopat und Adel zur Gründungszeit des Klosters Reichenau (Vorträge und Forschungen Bd. XX), Sigmaringen 1974, S. 77–130.

17 Vita Columbani I, c. 10, MG SS rer. Germ. in us. schol., a.a.O., S. 169f.: „Ibi (Luxeuil) residens vir egregius, monasterium construere coepit, ad cuius famam plebes undique concurrere et cultui religionis dicare curabant, ita ut plurima monachorum multitudo adunata, vix unius caenubii collegio sistere valeret. Ibi nobilium liberi undique concurrere nitebantur, ut, exspreta faleramenta saeculi et praesentium pompam facultatum temnentes, aeterna praemia caperent…"; vgl. dazu *R. Sprandel,* Der merowingische Adel und die Gebiete östlich des Rheins, Freiburg i. Br. 1957, S. 14ff.; *F. Prinz,* Frühes Mönchtum, S. 489ff.; wenig überzeugen kann der Versuch von *K.-U. Jäschke,* Kolumban, S. 109f., entgegen ausdrücklichen Quellenzeugnissen und entgegen einer Vielzahl prosopographischer Belege die große Rolle des Adels innerhalb des irofränkischen Mönchtums zu bestreiten.

18 *K. F. Stroheker,* Der senatorische Adel im spätantiken Gallien, Tübingen [1]1948, Darmstadt [2]1970, S. 178; *F. Prinz,* Frühes Mönchtum, S. 135f.

19 Eine sehr gute, gedrängte Übersicht über den autonomen Charakter irischer Klöster gibt *K.-U. Jäschke,* Kolumban, S. 95ff.

20 *H. v. Schubert,* Geschichte, S. 210ff. – Zu den Exemtionsbestrebungen der irischen Klostergründungen auf dem Kontinent vgl. *E. Ewig,* Beobachtungen zu den Klosterprivilegien des 7. und frühen 8. Jahrhunderts, in: Adel und Kirche, Festschrift f. *G. Tellenbach,* Freiburg i. Br. 1968, S. 52–65, bes. S. 58f.; vgl. aber dazu *A. Angenendt,* Monachi Peregrini, S. 175ff.

21 *F. Prinz,* Die bischöfliche Stadtherrschaft im Frankenreich vom 5. bis zum 7. Jahrhundert, in: HZ 217 (1973), S. 1–35.

22 Siehe oben S. 39f.

23 Vita Columbani II, 1, MG SS rer. Germ. in us. schol., a. a. O., S. 230; Vita Arnulfi, c. 6, SS rer. Merov. II, S. 433 ff. – Zur Bedeutung Lérins und des südgallischen Mönchtums vgl. *F. Prinz,* Frühes Mönchtum, S. 47ff., S. 88ff., S. 293 ff.

24 Vita Columbani II, 8, MG SS rer. Germ. in us. schol., a. a. O., S. 244 f.

25 *J. O'Carroll,* Sainte Fare et les origines, in: S. Fare et Faremoutiers, Faremoutiers-Rennes 1957, S. 3–35.

26 Siehe oben S. 39.

27 Hierzu und zum folgenden *F. Prinz,* Augsburg im Frankenreich, in: *J. Werner* (Hrsg.), Die Ausgrabungen in St. Ulrich und Afra in Augsburg 1961–1968, München 1977, S. 375ff.

28 Vgl. zu den Augsburger Funden auch *J. Werner,* Von der Antike zum Mittelalter, in: Vor- und frühgeschichtliche Archäologie in Bayern, München 1972, S. 156–177, bes. S. 162ff.

29 Eine Entstehung der Passio S. Afrae im 7. Jahrhundert nimmt aufgrund philologischer Kriterien an *W. Berschin,* Die Anfänge der lateinischen Literatur unter den Alemannen, in: Die Alemannen in der Frühzeit, hg. v. *W. Hübner* (Veröff. d. Alemannischen Instituts Freiburg Bd. 34), Bühl/Baden 1974, S. 121–133, bes. S. 127f.

30 Vita Columbani I, 27, MG SS rer. Germ. in us. schol., a. a. O., S. 211 f.; *I. Müller,* Zur churrätischen Kirchengeschichte im Frühmittelalter, in: Jahresber. d. Hist. Antiquar. Ges. v. Graubünden 98 (1969), S. 3–107, bes. S. 84 f.; *W. Fritz,* Universalis gentium confessio, a. a. O., S. 95ff.

31 *J. Duft,* Irische Einflüsse auf St. Gallen und Alemannien, in: *A. Borst* (Hrsg.), Mönchtum, Episkopat und Adel, a. a. O., S. 9–35, bes. S. 14 ff.; die Bedenken von *K.-U. Jäschke,* Kolumban, ebenda S. 112ff. sind m. E. nicht stichhaltig; vgl. auch *W. Berschin,* Die Anfänge, S. 131 ff.

32 Vita Columbani I, 30, MG SS rer. Germ. in us. schol., a. a. O., S. 220ff.; zu den arianischen Texten bzw. Palimpsesten in Bobbio *Ch. Beeson,* The Palimpsests of Bobbio, in: Studi e Testi 126 (1946), (= Misc. G. Mercati, vol. VI S. 1–23); *E. A. Lowe,* in: CLA III, S. XX ff.

33 Vita Columbani II, 8, MG SS rer. Germ. in us. schol., a. a. O., S. 243 f.

34 Kontroversliteratur zu Weltenburg bei *K. Reindel,* Grundlegung. Das Zeitalter der Agilolfinger (bis 788), in: *M. Spindler* (Hrsg.), Handbuch der Bayerischen Geschichte Bd. 1, München 1968, (Nachdruck 1971), S. 146.

35 Vita Agili, AASS OSB II, S. 303 f. – Nach *E. Zöllner,* Die Herkunft der Agilolfinger, in: MIÖG 59 (1951), S. 245–264, bes. S. 254, soll dieser Luxeuil-Schüler Agilus, ein Burgundofarone, wegen seiner Verwandtschaft mit dem bayerischen Herzogshaus, dessen Namen er in romanisierter Form trug, für die Bayernmission ausgewählt worden sein.

36 Vita Columbani II, MG SS rer. Germ. in us. schol., a. a. O., S. 246f.

37 *W. Fritze,* Universalis gentium confessio, S. 88ff. und S. 119ff.

38 *E. de Moreau,* Saint Amand, apôtre de la Belgique et du Nord de la France, Louvain 1927; *W. Fritze,* Universalis gentium confessio, S. 99ff. – Weitere Amandus-Gründungen waren Barisis-au-Bois, Gent-St. Peter, Blandigny, Leuze, Marchiennes und die Pippinidenstiftung Nivelles.

39 *W. Fritze,* Universalis gentium confessio, S. 96ff.

40 *F. Prinz,* Frühes Mönchtum, S. 294 f. und 379ff.; Poitiers, woher Emmeram stammte, war unter Bischof Ansoald in der 2. Hälfte des 7. Jahrhunderts ein Zen-

trum irofränkischen Mönchtums; *W. Fritze*, Universalis gentium confessio S. 97f.

41 *H. Wolfram*, Der heilige Rupert und die antikarolingische Adelsopposition, in: MIÖG 75 (1972), S. 4–34.

42 *A. Angenendt*, Monachi Peregrini, S. 230ff.

43 *F. Prinz*, Frühes Mönchtum in Südwestdeutschland und die Anfänge der Reichenau. Entwicklungslinien und Forschungsprobleme, in: *A. Borst* (Hrsg.), Mönchtum, Episkopat und Adel, a. a. O., S. 37–76.

44 *G. Wampach*, Sankt Willibrord. Sein Leben und Lebenswerk, Luxemburg 1953; *Th. Schieffer*, Angelsachsen und Franken. Zwei Studien zur Kirchengeschichte des 8. Jahrhunderts, in: Akad. d. Wiss. Mainz, Abh. d. geistes- und sozialwiss. Kl. Nr. 20 (1950), S. 1431–1539; *Ders.*, Winfried-Bonifatius und die christliche Grundlegung Europas, Freiburg i. Br. 1954.

45 *A. Angenendt*, Monachi Peregrini, S. 230ff.; *F. Prinz*, Frühes Mönchtum, S. 185ff., *Ders.*, Frühes Mönchtum in Südwestdeutschland, S. 37–76.

46 *F. Prinz*, Frühes Mönchtum, S. 317ff. und S. 413ff.

47 Vgl. *B. Bischoff*, Die südostdeutschen Schreibschulen und Bibliotheken der Karolingerzeit, Leipzig[1]1940, Wiesbaden[2]1960; *E. A. Lowe* in CLA.

48 Siehe unten S. 73ff.

49 *B. Fischer*, Bibeltext und Bibelreform unter Karl dem Großen, in: Karl der Große, Bd. II: Das geistige Leben (hg. v. *B. Bischoff*), Düsseldorf 1965, S. 156–216; *C. Vogel*, La réforme liturgique sous Charlemagne, ebenda S. 217–232.

50 *E. A. Lowe* in CLA.

51 *D. Illmer*, Formen der Erziehung und Wissensvermittlung im frühen Mittelalter (Münchner Beiträge z. Mediävistik und Renaissance-Forschung 7), München 1971; *R. McKitterick*, The Frankish Church and the Carolingian Reforms 789–895, London 1977.

5. Kirche, Mönchtum und Bildung zwischen Antike und Mittelalter

1 *H.-J. Marrou*, Saint Augustin et la fin de la culture antique, Paris[4]1958; *M. L. W. Laistner*, Christianity and Pagan Culture in the later Roman Empire, Ithaka – New York 1951; *Ch. N. Cochrane*, Christianity and Classical Culture. A Study of Thought and Action from Augustus to Augustine, Oxford 1944.

2 *Hieronymus*, ep 22, CSEL 54, S. 143ff. (ad Eustochium); *M. L. W. Laistner*, Thought and Letters in Western Europe A. D. 500 to 900, London 1931, S. 28f.

3 *Cassianus*, Conlationes XIV, 12; CSEL 13/II, S. 413f.

4 Vita Caesarii I c. 9, MG SS rer. Merov. III, S. 460.

5 *Hilarius*, Sermo c. 37, S. 75f. (ed. *S. Cavallin*): „O magna et inclyta, Honorate, tua gloria! Non indiguit meritum tuum signis probari ... Et tamen quod esse maius virtutis signum potest quam signa fugere et occultare virtutes?“

6 *G. Bardy*, Philosophie et Philosophe dans le vocabulaire chrétin des premiers siècles, in: Rev. d'ascet. et de myst. 25 (1949), (= Mél. *M. Viler*), S. 97–108; *G. Penco*, La vita ascetica come „filosofia“ nell'antica tradizione monastica, in: Studia monastica 2 (1960), S. 79–93: *V. Warnach*, Das Mönchtum als pneumatische Philosophie in den Nilus-Briefen, in: Vom christlichen Mysterium. Zum Gedächtnis von O. Casel, Düsseldorf 1963, S. 135–151.

7 *A. Duforcq,* Études sur les gesta martyrum Romains II, Paris 1907, S. 88ff.; *J. Gazay,* De l'influence des moines irlandaise dans l'Église provençale au début du Moyen Age, in: Annales du Midi 47 (1935), S. 225–279, bes. S. 274.

8 Passio Acaunesium martyrum, MG SS. rer. Merov. III, S. 32–41; *F. Prinz,* Frühes Mönchtum, S. 460f.

9 *Sulpitius Severus,* Vita Martini, CSEL 1, S. 110.

10 *Eucherius,* De laude heremi c. 32, CSEL 31, S. 188: „Clari apud veteres saeculi huius viri defatigati laboribus negotiorum suorum in philosophiam se tamquam in domum suam recipiebant. Quanto pulchrius ad haec manifestissimae sapientiae studia divertunt magnificentiusque ad solitudinum libertatem et desertorum secreta secedunt, ut philosophiae tantum vacantes in illius heremi deam bulacris tamquam in suis gymnasiis exerceantur?" – Über Lérins ebenda cap. 42ff., S. 192ff.

11 *Eucherius,* De laude heremi c. 31, S. 187f.

12 *Gregor d. Gr.,* Dial. (ed. Moricca), lib. II, Prol., S. 71f. – Gregors berühmter Ausfall gegen die heidnischen Grammatiker in seinem Tadelsbrief an den gebildeten Bischof Desiderius von Vienne in MG Epist. I, S. 357 (ep. V, 53 a), II, S. 303 (ep. XI, 34).

13 Zur Diskussion um RM und RB vgl. die Kap. 3, Anm. 1 genannte Literatur.

14 *R. Hanslick,* Zur Sprache der Regula Benedicti und der Regula Magistri, in: Regulae Benedicti Studia I, S. 195f.; *G. M. Widhalm,* Die rhetorischen Elemente in der Regula Benedicti, in: Regulae Benedicti Studia, Suppl. Bd. II (1974).

15 Zum Pelagianismus vgl. *S. Prete,* Pelagio e il Pelagianismo, Brescia 1961; *F. Loofs,* Leitfaden zum Studium der Dogmengeschichte, Halle⁷1968, hg. v. K. Aland (mit Literatur).

16 *Isidor von Sevilla,* Regula VIII, 3, PL 83, Sp. 877f.: „Gentilium libros vel haereticorum volumina monachus legere caveat; melius est enim eorum perniciosa dogmata ignorare, quam per experientiam in aliquem laqueum erroris incurrere."; *Ders.,* Sent III, 13, PL 83, Sp. 685: „Ideo prohibetur Christianus figmenta legere poetarum, quia per oblectamenta inanium fabularum mentem excitant ad incentiva libidinum."; *J. Fontaine,* Isidore de Seville et la culture classique dans l'Espagne visigothique. Paris 1959; *M. L. W. Laistner,* Thought and Letters, S. 85–135.

17 *P. Riché,* Education et culture dans l'occident barbare, IVe–VIIIe siècle (Patristica Sarbonnensia 4), Paris 1962, S. 339ff.

18 *H.-J. Marrou,* Saint Augustin, S. 469ff.; *P. Riché,* Éducation, S. 171ff.

19 *P. Riché,* Éducation, S. 156ff.; *Ders.,* Le Psautier, livre de lecture élémentaire d'aprés les vies des saints mérovingiens, in: Etudes Mérovingiennes, Paris 1953, S. 253–256. – Zur Bedeutung des Psalters siehe vor allem die in der folgenden Anm. zitierten Arbeiten von *D. Illmer.*

20 *D. Illmer,* Formen der Erziehung und Wissensvermittlung im frühen Mittelalter. Quellenstudien zur Frage der Kontinuität des abendländischen Bildungswesens (Münchner Beiträge zur Mediävistik und Renaissance-Forschung 7), München 1971; *Ders.,* Totum namque in sola experientia usuque consistit, in: *F. Prinz* (Hrsg.), Mönchtum und Gesellschaft im Frühmittelalter (Wege der Forschung Bd. CCCXII), Darmstadt 1976, S. 430–455.

21 RM 50, 12ff., SChr. 106, S. 224; RB 58, 20, CSEL 75, S. 136: „Quam petitionem manu sua scribat aut certe, si non scit literas, alter ab eo rogatus scribat; et ille nobicius signum faciat et manu sua eam super altare ponat."; dazu *D. Illmer,* Formen der Erziehung, S. 34f.

22 *D. Illmer,* Formen der Erziehung, S. 36ff.

23 *D. Illmer,* Formen der Erziehung, S. 45ff. und 95.

24 RB c. 57, 2, CSEL 75, S. 132.

25 *D. Illmer,* Formen der Erziehung, S. 180f. unter Bezug auf *M. Weber,* Wirtschaft und Gesellschaft. Grundriß der verstehenden Soziologie (Studienausgabe Bd. I, Köln–Berlin 1964), S. 185.

26 *Gregor d. Gr.,* MG Epist. I, S. 357 (ep. V, 53 a): „Unde et ipsam loquendi artem, quam magisteria disciplinae exterioris insinuant, servare despexi. Nam sicut huius quoque epistolae tenor enuntiat, non metacismi collisionem fugio, non barbarismi confusionem devito, situs modosque et praepositionum casus servare contemno, quia indignum vehementer existimo, ut verba caelestis oraculi restringam sub regulis Donati."; dazu die Charakteristik Gregors bei *E. Caspar,* (Geschichte des Papsttums von den Anfängen bis zur Höhe der Weltwirtschaft, 2 Bde., Tübingen 1930/33, II, S. 306ff.; *D. Illmer,* Formen der Erziehung, S. 64ff. irrt allerdings, wenn er glaubt, noch für Isidor von Sevilla sei der „grammaticus" identisch mit dem „haereticus". Die herangezogene Stelle von Isidor, Sententiae III, 13, PL 83, Sp. 688 stuft den Grammatiker wesentlich positiver ein: „Meliores esse grammaticos quam haereticos. Haeretici enim haustum lethiferi succi hominibus persuadendo propinant, grammaticorum autem doctrina potest etiam proficere ad vitam, dum fuerit in meliores usus assumpta."; zutreffend *E. R. Curtius,* Europäische Literatur und lateinisches Mittelalter, Bern – München[3]1961, S. 452.

27 *L. Traube,* Die römische Literatur im Mittelalter, in: *Ders.,* Vorlesungen und Abhandlungen II, München 1910, S. 131ff.; *P. Lehmann,* Die handschriftliche Überlieferung der antiken römischen Klassiker, in: Philobiblon 7 (1934), S. 209–228; *Ders.,* Deutschland und die mittelalterliche Überlieferung der Antike, in: *Ders.,* Erforschung des Mittelalters III, Stuttgart 1960, S. 149–172; *B. Bischoff,* Panorama der handschriftlichen Überlieferung aus der Zeit Karls des Großen, in; Karl der Große II, Düsseldorf 1965, S. 233–254; *F. Prinz,* Frühes Mönchtum S. 514ff.

28 *E. A. Lowe,* CLA III, Nr. 365 u. IV, S. XXI–XXII; *Ch. H. Beeson,* The Palimpsests of Bobbio, in: Studi e Testi 126 (1976) (= Misc. G. Mercati vol. VI), S. 1–23, bes. S. 20f.; *F. Prinz,* Frühes Mönchtum, S. 525ff.; *P. Engelbert,* Zur Frühgeschichte des Bobbienser Skriptoriums, in: Rev. Bén. 78 (1968), S. 220–260, bes. S. 227ff.

29 *E. A. Lowe,* CLA I, Nr. 34 u. 35.

30 Eine Ausnahme unter den römischen Dichtern stellt Vergil dar, den man bekanntlich im Mittelalter hoch verehrte, weil man seine Prophezeiung vom Kommen eines göttlichen Kindes auf Christus bezog. Die berühmte illustrierte Handschrift von Vergils Aeneis (Codex Mediceus) = Rom, Vat. lat 3225 (*E. A. Lowe,* CLA III, Nr. 296), eine Handschrift des Jahres 494, stammt aus Bobbio.

6. Mönchtum und Arbeitsethos

1 *F. Steinbach,* Der geschichtliche Weg des wirtschaftenden Menschen in die soziale Freiheit und politische Verantwortung, in: Collectanea Franz Steinbach, Bonn 1967, S. 742ff.; *F. Prinz,* Frühes Mönchtum, S. 532ff. unter Bezug auf *Augustinus,* De Genesi ad litteram VIII, 8 CSEL 28/I, S. 242f.

2 *Augustinus,* De opere monachorum c. 29, CSEL 41, S. 586f.

3 *Cassianus,* Instit. lib. X, c. 8 und 14 j, c. 22 (Beispiel der ägyptischen Väter und Mönche, die für ihre Nahrung und zur Speisung der Hungrigen und Gefangenen arbeiten), c. 23 (Arbeit wehrt die Dämonen ab), c. 24, CSEL 17, S. 181f., 185f., 192f.

4 RB 73, CSEL 75, S. 164f.

5 So bes. *H. Holzapfel,* Die sittliche Wertung der körperlichen Arbeit im christlichen Altertum, Würzburg 1941.

6 RB 48, 7–9, CSEL 75, S. 116: „Si autem necessitas loci aut paupertas exegerit, ut ad fruges recollegendas per se occupentur, non contristentur, / quia tunc uere monachi sunt, si labore manuum suarum uibunt, sicut et patres nostri et apostoli. / Omnia tamen mensurate fiant propter pusillanimes."

7 *A. Lieblang,* Die Wirtschaftsverfassung der benediktischen Mönchsregel, in: STMBO 49 (1931), S. 435–447.

8 MGH Conc. I, Konzil von Epâon, can. 8, S. 21: „Mancipia vero monachis donata ab abbate non leceat manumitti; iniustum enim potamus, ut monachis cotidianum rorale opus facientebus servi eorum libertatis otio potiantur."; ähnlich die Ferreolus-Regel, c. XXXVI, Migne, PL 66, col. 972: „Ut abbas manumittere mancipium monasterii non praesumat." – Aufschlußreich ist hier die Begründung: „... cum manifestum (der Sklave) tot dominos habere quot monachos."

9 *E. Spreitzenhofer,* Die Entwicklung des alten Mönchtums in Italien von seinen ersten Anfängen bis zum Auftreten des hl. Benedikt, Wien 1894, S. 11f. – Die von der Caesarius-Regel abhängige Aurelian-Regel verbietet die Aufnahme Unfreier ins Kloster, c. 18: „Servus non excipiatur", *Holstenius-Brockie,* Cod. Regul. II, S. 148; zur Sklaverei im allgemeinen jetzt *Ch. Verlinden,* L'esclavage dans l'Europe medievale (Pennisule Iberique-France), Brügge 1955.

10 Formulae Senonenses recensiores Nr. 106, bes. 3 (Notitia de servo), MGH Formulae, S. 211–214, bes. S. 212; Form. Salicae Bignovianae Nr. 7, ibid., S. 230; Concilium Aurelianense (Orleans) can. 32, MGH Conc. I. S. 94; dazu *F. Graus,* Volk, Herrscher und Heiliger im Reich der Merowinger. Studien zur Hagiographie der Merowingerzeit, Prag 1965, S. 298.

11 Sehr anschaulich geschildert anläßlich des Skandals, den *Gregor von Tours* dort miterlebte. Hist. Franc. X, 16, MG SS rer. Merov.²I, S. 505ff.

12 *E. E. Stengel,* Urkundenbuch des Klosters Fulda I/1, Marburg² 1956, Nr. 13, S. 24.

13 RB 48, CSEL 75, S. 114.

14 *Cassianus,* Instit. Prolog. und lib. III c. 1, CSEL 17, S. 7 und 33. – In dem Augenblick, wo die Arbeit maßvoll und als erzieherisches Mittel eingesetzt wird, verliert sie von selbst ihren bislang negativen oder zumindest wertneutralen Charakter, den sie als Instrument radikaler Selbstkasteiung im orientalischen Sinne immer noch besessen hatte. Allerdings berichtet auch Cassian noch jene extremen Fälle im Orient, wo völlig sinnlose Arbeit als reines Asceticum verrichtet wird, z. B. Instit., lib. X c. 24, a. a. O., S. 192f. (Abt. Paulus).

15 *Gennandius,* De viris inlustribus c. 69, Migne, PL 58, col. 1100: „Nam pro reficiendis pauperibus etiam rusticationem contra viyres suas homo genere clarus, et longe aliter educatus, exercuit."; vgl. auch dazu *Cassianus,* Instit. lib. X c. 22, CSEL 17, S. 192.

16 Ferreolusregel, c. XXVIII, Migne, PL 66, col. 969. – Das Zitat entstammt 2. Thess. 3, 10.

17 *Gregor von Tours,* Vitae Patrum XVIII, 1, MG SS rer. Merov. I, 2, S. 734.

18 *Gregor von Tours,* Vitae Patrum XI, a. a. O., S. 709: „Erat enim (Caluppa) summae abstenentiae, ita ut ab inaedia nimium adtritus cotidianam cum reliquis fratribus operam explere nequiret. Unde, ut mos est monachorum, magnum ei inproperium inferebant, dicente sibi praesertim praeposito: ‚Qui non deliberat laborare, indigne postulat manducare'."

19 *K. Weber,* Kulturgeschichtliche Probleme der Merowingerzeit im Spiegel frühmittelalterlicher Heiligenleben, in: STMBO 48 (1930), S. 349ff.

20 Vita Columbani I c. 12, 13, 15, 17, MG SS rer. Germ. in us. schol. (ed B. Krusch, Hannover 1905), S. 172ff., 177ff., 181ff. – In der Luxeuil benachbarten Filiation Fontanas arbeiteten z. B. 160 Mönche auf einmal unter Columbans Leitung auf dem Felde. Zum Luxeuil-Kreis gehört auch die Vita des Abtes Germanus von Granfelden, in der sich der Presbyter Fridoald aus Luxeuil in der Rodungsarbeit bewährt: „. . . exercens se in labore cum suis coepit ligna cadere, qualiter victitare deberent." Vita Germani c. 8, MG SS rer. Merov. V, S. 36.

21 S. oben S. 48ff.

22 *Pardessus-Bréquiny,* Diplomata, chartae et instrumenta aetatis Merovingicae, 2 Bde., Paris 1843/49, II Nr. 275, S. 39ff.

23 Vita Balthildis A c. 8, MG SS rer. Merov. II, S. 491 f.: „A Gemetico domno Filiberto viro religioso et silvam magnam ex fisco, ubi ipsum coenobium fratrum situm est, et multa munera et pastus de fisco dominico ad ipsum monasterium construendum concessit". Vita Filiberti c. 7, MG SS rer. Merov. V, S. 588; Vita Wandregisili c. 14, ibid., S. 19: „Adsedit iuxta fontem uberimam qui vocatur Fontanella, in heremo qui dicitur Gemeticus, ex fisco quem adsumpsit regale munere." – Ansbert bat in St. Wandrille darum, über das übliche Maß hinaus tägliche Handarbeit leisten zu dürfen; Vita Ansberti c. 6, ibid., S. 623; vgl. auch Vita Filiberti c. 15, ibid., S. 593.

24 Vita Remacli c. 4, MG SS rer. Merov. V, S. 106; MG Dipl. I Nr. 22, S. 22: „. . . in foreste nostra in locis vastae solitudinis . . . forestem irrumpere aut manisones aut domos aedificare, nisi tantummodo illi servi Dei . . ."

25 Vita Balthildis A c. 7, MG SS rer. Merov. II, S. 490f.: „(Balthildis) monasterium quod vocatur Corbeia in Ambianense parrochia suo opere construxit."

26 Vita Amati c. 10, MG SS rer. Merov. V, S. 218. – Das Kloster entstand beim castrum des Romarich, aber auf einem Berg der Mosel. Ebenso liegt Montierendet „in foreste Dervo et in fine Wasciacinse", MG Dipl. I Nr. 55, S. 49.

27 *E. de Moreau,* St. Amand, apôtre de la Belgique et du Nord de la France, S. 246.

28 *E. Lesne,* Histoire de la propriété écclesiastique en France I, Paris 1910, hier S. 95. – Das Stiftungsgut von Prüm stammt „de foreste nostra", und wenn es in der Urkunde weiter heißt: „desideramus circa fluvio Prumia monasterio aedificare", dann kann diese rein geographische Ortsangabe nur ein Rodungskloster bedeuten, *Pardessus* II Nr. 328.

29 St. Dié: „intra eremi secretum . . . ex fisci largitate", *Pardessus* II Nr. 360, S. 147. – Murbach: „in heremi vasta, que Vosagus apellatur", MG Dipl. I Nr. 95, S. 85. – Granfelden: Vita Germani c. 8, MG SS rer. Merov. V, S. 36. – St. Gallen: *Wartmann,* UB St. Gallen I, S. 25 v. J. 757: „ecclesia que est constructa in honore sancti Gallionis, ubi ipse requiescit in corpore, super fluviolum Stainhaha, in solitudine in pago Durgaugense."

30 *F. Steinbach,* Weg des wirtschaftenden Menschen, S. 758f.

31 Vgl. die Beispiele bei *K. Weber,* Heiligenleben, S. 379f., bes. die Schilderung der Vita Filiberti c. 7 und 8, MG SS rer. Merov. V., S. 588f. und der Vita Eiligii I c. 15, 16, 17, MG SS rer. Merov. IV, S. 681–683.

32 Hingewiesen sei auf die zentrale Bedeutung der Arbeit, die sie in Hegels „Phänomenologie des Geistes" als ein Moment der Selbstbildung hat, womit der Knecht die Herr-Knecht-Beziehung dialektisch zu überwinden vermag, eine Gedankenfigur, die im Marxismus eminente historische Relevanz gewonnen hat.

7. Mönchtum und frühmittelalterliche Adelsgesellschaft im Spiegel der Hagiographie

1 *E. Dekkers, A. Gaar,* Clavis patrum latinorum (= CPL), Steenbruggis [1]1951, [2]1961, S. 474ff. und S. 489; *Wattenbach-Levison,* Deutschlands Geschichtsquellen im Mittelalter, 1. Heft, Weimar 1952, S. 119ff. – In der Epoche zwischen Tertullian (3. Jh.) und Beda Venerabilis (672/73–735) entstanden in Italien etwa 90 Heiligenleben in lateinischer Sprache, im Frankenreich etwa 70. Die Mehrzahl der italienischen Viten bezieht sich allerdings auf frühe Märtyrer, enthält also wenig substantielles biographisches Material, oder auf Bischöfe, die nur in Ausnahmefällen dem Mönchtum entstammten. Umgekehrt sind die fränkischen Heiligenleben zum Großteil eng mit dem monastischen Bereich verknüpft und zumeist auch in Klöstern entstanden. Deshalb muß man von einer fränkischen Klosterhagiographie im engeren Sinne sprechen, und auf diese neue hagiographische Spezies bezieht sich die obige Feststellung, daß im Frankenreich aufgrund einer spezifischen, kirchlich-gesellschaftlichen Situation ein neuer Typus von Heiligenleben entstand; vgl. *E. Dekkers, A. Gaar,* CPL Nr. 2156–2247 (Italien) und Nr. 2076–2146 (Frankenreich). Das Zahlenverhältnis würde sich noch mehr zugunsten der fränkischen Kloster- und Mönchslegenden verbessern, wenn man über Beda hinausgehend die gesamte Klosterhagiographie des 8. und 9. Jahrhunderts hinzunähme.

2 Zum gesellschaftlichen Aspekt merowingischer Hagiographie vgl. *C. A. Bernoulli,* Die Heiligen der Merowinger, Tübingen 1900; *H. Delehaye,* Les légendes hagiographiques, Brüssel 1905, [4]1955; *H. Günter,* Legenden-Studien, Köln 1906; *L. van der Essen,* Étude critique et litteraire sur les Vitae des Saints merovingiens de l'ancienne Belgique, Löwen – Paris 1907; *H. Günter,* Die christliche Legende des Abendlandes (Religionswiss. Bibl. Bd. 2), Heidelberg 1910; *E. de Moreau,* Saint Amand, apôtre de la Belgique et du Nord de la France, Löwen 1927; *K. Weber,* Kulturgeschichtliche Probleme der Merowingerzeit im Spiegel frühmittelalterlicher Heiligenleben, in: STMBO 48 (1930), S. 347ff.; *W. Levison,* Aus rheinischer und fränkischer Frühzeit. Ausgewählte Aufsätze (ed. von W. Holzmann), Düsseldorf 1948; *H. Löwe,* Arbeo von Freising. Eine Studie zur Religiosität und Bildung im 8. Jahrhundert, in: Rheinische Vierteljahresblätter 15/16 (1950/51), S. 87ff.; *P. Riché,* Note d'hagiographie merovingienne. La Vita Rusticale, in: Annalecta Bollandiana 72 (1954), S. 369ff.; *F. Graus,* Volk, Herrscher und Heiliger im Reich der Merowinger. Studien zur Hagiographie der Merowingerzeit, Prag 1965; *F. Prinz,* Frühes Mönchtum im Frankenreich. Kultur und Gesellschaft in Gallien, den Rheinlanden und Bayern am Beispiel der monastischen Entwicklung (4.–8. Jh.), München – Wien 1965; *F. Irsigler,* Un-

tersuchungen zur Geschichte des frühfränkischen Adels (Rheinisches Archiv 70), Bonn 1969.

3 *F. Prinz,* Frühes Mönchtum, S. 488f.

4 Zur Verschmelzung der Adelsgeschichten im Frankenreich vgl. *R. Sprandel,* Der merowingische Adel und die Gebiete östlich des Rheins (Forschungen zur oberrheinischen Landesgeschichte 5), Freiburg i. Br. 1957, S. 24ff.; *E. Ewig,* Volkstum und Volksbewußtsein im Frankenreich des 7. Jahrhunderts, in: Settimane di Studio VI, 2, Spoleto 1958, S. 587ff., bes. S. 618ff. und S. 646; *R. Buchner,* Die römischen und die germanischen Wesenszüge in der neuen politischen Ordnung des Abendlandes, in: Settimane di Studio V, 1, Spoleto 1958, S. 223ff., bes. S. 253ff.; interessant ist in diesem Zusammenhang die kunstgeschichtliche Parallele, vgl. *N. Aberg,* Die Kunststile des 7. Jahrhunderts, in: Settimane di Studio V, 1. S. 357ff., bes. S. 370: „Nie vor- und nie nachher hat die germanische Welt einen so einheitlichen Kunststil gehabt wie im 7. Jahrhundert. Der Stil II wurde zur ersten Synthese der mediterranen und germanischen Stilelemente und veranschaulichte die Rolle, die die Mittelmeerwelt in der germanischen Kulturentwicklung gespielt hat."

5 Vom literarischen Gesichtspunkt aus knüpft sich dieses negative Urteil meist an das barbarische Latein der Fredegarchronik; vgl. *Wattenbach-Levison,* Geschichtsquellen I, S. 109ff.; anders *H. Dannenbauer,* Die Entstehung Europas. Von der Spätantike zum Frühmittelalter, 2 Bde., Stuttgart 1959–1962, bes. II, S. 62 und S.321, der die sprachlichen Mängel Fredegars späteren Abschreibern anlastet. – Zur Hagiographie des 7. Jahrhunderts vgl. *P. Riché,* Éducation et culture dans l'Occident barbare, VIe–VIIIe siècles (Patristica Sarbonnensia 4), Paris 1962, S. 483f.

6 Vita Columbani I c. 10, MG SS rer. Germ. in us. schol. S. 169: „... Ibi (Luxeuil) nobilium liberi undique concurrere nitebantur, ut, exspreta faleramenta saeculi et praesentium pompam facultatum temnentes, aeterna praemia caperent." Einen ähnlichen Geist verspürt man in der Inschrift des Grabsteines eines „vir venerabilis Ludubertus de nobile genere", der im 7./8. Jahrhundert sein Gut der Trierer Domkirche schenkte und selbst Geistlicher wurde. Vgl. Karl der Große. Werk und Wirkung, Aachen, 1965 (10. Ausstellung des Europarates), Katalog Nr. 234, S. 139, Grabstein aus St. Matthias, Trier.

7 MG SS rer. Merov. IV, S. 663ff.; *Wattenbach-Levison,* Geschichtsquellen I, S. 127f.

8 So Vita Eligii c. 13 und 14, MG SS rer. Merov. IV, S. 680, über die sachkundig geschilderte politische Tätigkeit des Eligius, ebenso das Zusammenwirken zwischen Eligius und Dagobert I. bei der Gründung von Solignac c. 15, a. a. O., S. 680; *Wattenbach-Levison,* Geschichtsquellen I, S. 128.

9 Vita Arnulfi, MG SS rer. Merov. II, S. 426ff. – Die älteste Handschrift des 8./9. Jahrhunderts stammt wahrscheinlich aus dem karolingisch versippten Kloster Weißenburg. (*E. A. Lowe,* CLA VIII Nr. 1051); zu den anderen Handschriften Vita Arnulfi (Praefatio), a. a. O., S. 428ff. *(Krusch).* – Im karolingischen Reichskloster Reichenau taucht die Vita im Bücherverzeichnis von 821/22 auf, vgl. *P. Lehmann,* Mittelalterliche Bibliothekskataloge Deutschlands und der Schweiz I. Die Bistümer Konstanz und Chur, München 1918, S. 247; zu Gertrud vgl. Vita Geretrudis, MG SS rer. Merov. II, S. 447ff., dazu Additamentum Nivialense zur Vita Fursei, MG SS rer. Merov. IV, S. 449ff.; *Wattenbach-Levison,* Geschichtsquellen I, S. 127.

10 Vita Desiderii, MG SS rer. Merov. IV, S. 547ff. Obwohl die Vita erst im 8. Jahr-

hundert entstand, ist sie wertvoll; vgl. *Wattenbach-Levison,* Geschichtsquellen I, S. 127.

11 Passio Praeiecti, MG SS rer. Merov. V, S. 212ff., VII, S. 845; dazu *B. Krusch,* Die älteste Vita Praeiecti, in: Neues Archiv der Gesellschaft für Ältere Deutsche Geschichtskunde 17 (1893), S. 629ff.

12 Vita Sulpicii episc. Biturigi, MG SS rer. Merov IV, S. 364ff.; Passio Leudegarii I und II, MG SS rer. Merov. V, S. 249ff.; *Wattenbach-Levison,* Geschichtsquellen I, S. 127, Anm. 304 und S. 129, Anm. 310.

13 Vita Wandregisili, MG SS rer. Merov. V, S. 1ff. Der erste Textzeuge, eine schöne Unzialhandschrift aus der Mitte des 8. Jahrhunderts, entstand wahrscheinlich in St. Wandrille selbst, war jedoch später in Corbie, wie Eintrag fol. 31 zeigt (Paris, Bibl. nat. lat. 18315) – *E. A. Lowe,* CLA V Nr. 675; entgegen B. Krusch betont *F. Müller-Marquart,* Die Sprache der Vita Wandregisili, Halle 1912, S. 247ff., daß die Sprache der älteren Vita nicht als korrupt zu bezeichnen sei, sondern daß die schlechte Orthographie auf die Abschreiber zurückgehe. Der Verfasser sei vielmehr ein gebildeter Kleriker, dessen Latein kein Volkslatein, sondern literarisches Latein sei; zu Romarich vgl. Vitae Amati, Romarici, Adelphii abbatum Habendensium, MG SS rer. Merov. IV, S. 208ff., die aber kaum vor dem 8. Jahrhundert entstanden sein dürften: *Wattenbach-Levison,* Geschichtsquellen I, S. 136; zu Filibert von Jumièges vgl. Vita Filiberti, MG SS rer. Merov. V, S. 568ff., VII, S. 847f. Die Lebensbeschreibung entstand um die Mitte des 8. Jahrhunderts, ihre Angaben haben neuerdings durch Urkundenfunde verifiziert werden können: *Wattenbach-Levison,* Geschichtsquellen I, S. 138; Vita Audoini, MG SS rer. Merov. V, S. 536ff. Diese Vita läßt vom politischen Format ihres Helden – abgesehen von einigen Andeutungen in c. 13–15 – wenig spüren, doch Audoens Vita Eligii und die Vita Filiberti ergänzen das Charakterbild um einige bedeutsame Züge.

14 Gesta Dagoberti, MG SS rer. Merov II, S. 396ff.: über deren Wert *Wattenbach-Levison,* Geschichtsquellen I, S. 113; Vita Balthildis, MG SS rer. Merov. II, S. 475ff.

15 Vgl. *F. Prinz,* Frühes Mönchtum, Kap. IV und V; ferner *E. Lesne,* Histoire de la propriété ecclesiastique en France, 4 Bde., Lille – Paris 1910–1940, hier I, S. 118f.; *K. Weber,* Kulturgeschichtliche Probleme der Merowingerzeit im Spiegel frühmittelalterlicher Heiligenleben, S. 388f.

16 K. Hauck, Geblütsheiligkeit, in: Liber Floridus (Festschrift f. P. Lehmann), St. Ottilien 1950, S. 187ff., bes. S. 194f., hat überzeugend am prototypischen Beispiel des berühmten Avitusbriefes an Chlodwig (MG AA VI, 2, S. 75f.) gezeigt, wie der christliche Bischof auf der einen Seite die alte heidnische Genealogie Chlodwigs entgöttert und nur noch für ihn selbst – aber eben entgöttert – gelten läßt, und auf der anderen Seite ihn, gleichsam als Entschädigung, zum Stammvater eines neuen, nun christlichen Königsgeschlechts macht. Dabei wandelt sich durch die Taufe das bisherige heidnische Königsheil (felicitas) in die neue, christlich sanktionierte Königsheiligkeit (sanctitas), die von nun ab Chlodwigs Herrschaft auch im Rahmen der neuen Religion begründet. Dem Adel wurde offenbar von der spätantiken Kirche die christliche Legitimation seiner Herrschaft nicht ohne weiteres konzidiert wie dem König, weshalb der Adel andere Wege zur Sanktionierung seiner Herrschaft suchen mußte. Daß ihm dies gelang, wollen die folgenden Darlegungen zeigen.

17 Zur „legitimierenden" Kraft des Hierokratischen und seiner Fähigkeit zur „Domestikation der Beherrschten" siehe *M. Weber,* Wirtschaft und Gesellschaft (Studien-

ausgabe hg. v. J. Winckemann), Köln – Berlin 1964, S. 890f.; zur kultisch-religiös begründeten Herrschaftsstellung des germanischen Adels vgl. bes. *K. Hauck*, Geblütsheiligkeit, S. 187ff.; *H. Mitteis*, Formen der Adelsherrschaft im Mittelalter, in: Die Rechtsidee in der Geschichte, Weimar 1957, S. 636ff., hier S. 647, und *R. Wenskus*, Amt und Adel in der frühen Merowingerzeit, in: Mitteilungsheft des Marburger Universitätsbundes 1959, S. 40ff., hier S. 43f.; anders *R. Sprandel*, Struktur und Geschichte des merowingischen Adels, in: HZ 193 (1961), S. 33ff., bes. S. 41f.

18 *Paulus Diaconus*, Gestas episcoporum Mettensium, MG SS II, S. 260ff. – Bei der kirchlichen Einstellung Ludwigs d. Frommen verwundert es nicht, wenn in *Thegans* Vita Hludowici, MG SS II c. 1, S. 590f. die Karolinger besonders als das Geschlecht des hl. Arnulf gefeiert werden; *K. Hauck*, Geblütsheiligkeit, S. 193.

19 Vita Amandi, MG SS rer. Merov. V, S. 395ff., nach *B. Krusch* erst gegen Mitte des 8. Jahrhunderts verfaßt, doch von *E. de Moreau*, St. Amand, Apôtre de la Belgique et du Nord de la France, S. 78 um 725 angesetzt, neuerdings in den Analecta Bollandiana 67 (1949), S. 449ff. in die letzten Jahre des 7. oder die ersten Jahre des 8. Jahrhunderts datiert und in ihrem Wert positiv eingeschätzt; die zeitgenössische Vita Fursei, MG SS rer. Merov. V, S. 425ff., dort ohne die Visionen; diese in der Ausgabe von *Mabillon*, AA SS OSB II, S. 300ff. (die älteste Handschrift London, British Museum Harvey 5041 foll. 79–100) *E. A. Lowe*, CLA II Nr. 202b (fränkische vorkarolingische Minuskel saec. VIII).

20 Vita Germani, abbatis Grandivallensis, MG SS rer. Merov. V, S. 25ff., bes. c 1, S. 33: „Igitur sanctus Germanus abba et martyr, sacerdos Dei, natale solo Trevirorum civium urbis incola fuit, ex genere senatorum prosapie genitus, sed nobilior sanctitate. Pater eius Optardus; fratres vero eius Opthomarus et Numerianus. Opthomarus sub Dagoberto rege quondam aulae regiae elegantiae et mundanae scientiae inbutus, sub rege Sigeberto, idemque quondam, fultus Deo, ceteris proceribus sublimior fuit." Die Ausführlichkeit, mit der die politische Stellung der Familie berichtet wird, zeigt, daß in der Auffassung des Hagiographen aus dem 7. Jahrhundert die adelige Welt keinen Gegensatz zur Welt des Heiligen darstellt, sondern eher als die selbstverständliche Grundlage gilt, die das Heilige und den Heiligen selbst hervorbringt. Jenes der Kennzeichnung der adeligen Herkunft des Märtyrers Germanus angehängte „fide nobilior" wirkt dagegen als ein blasser, hinzugefügter hagiographischer Topos. Da Germanus als Trierer vermutlich Romane war, gewinnt die Betonung des guten Verhältnisses der Familie zum Königshof noch eine andere Bedeutung, war doch der Königsdienst ein direkter Weg für die romanische ehemalige Senatorenschicht Galliens, innerhalb der neuen fränkischen Herrschaftspyramide wieder politisch aufzusteigen. (Vgl. auch etwa die Laufbahn des merowingischen Finanzministers Parthenius.) – Verwiesen sei ferner auf die „gesellschaftliche Selbsteinstufung" des Abtes Widerad von Flavigny, vgl. *J. M. Pardessus, L. G. O. Bréquigny*, Diplomata, chartae et instrumenta aetatia Merovingicae, 2 Bde., Paris 1843/49, hier II Nr. 514, S. 323ff.; *M. Quantin*, Cartulaire général de l'Yvonne, 2 Bde. Auxerre 1854/60, hier II Nr. 1, S. 1ff.; *H. L. Bordier*, Recueil des chartes mérovingiennes, Paris 1850, S. 23ff.: „... ego Wideradus abbas, filius viri inlustri Corbonis ..." Widerad errichtet das Kloster aus seiner „res propria".

21 Vgl. oben Anm. 6.

22 *K. Weber*, Kulturgeschichtliche Probleme der Merowingerzeit im Spiegel frühmit-

telalterlicher Heiligenleben, S. 379f.; von einer anderen wissenschaftlichen Fragestellung ausgehend kommt *F. Graus,* Die Gewalt bei den Anfängen des Feudalismus und die ,,Gefangenenbefreiungen" der merowingischen Hagiographie, in: Jahrbuch für Wirtschaftsgeschichte 1 (1961), S. 61ff., bes. S. 86 zu ähnlichen Feststellungen: ,,Die Einstellung zur ,weltlichen Macht' ist bei der Hagiographie im Grunde genommen positiv ... Schlecht und böse ist ein konkreter König oder Edler, nicht die Institution an sich."

23 *B. Kolon,* Die Vita s. Hilarii Arelatensis. Eine eidographische Studie (Rhetorische Studien 12), Paderborn 1925, c. 2, S. 4f.; *S. Cavallin,* Vitae Sanctorum Honorati et Hilarii episcoporum Arelatensium (Skifter utgivna av vetenskaps-societeten i Lund 40), Lund 1952, S. 81f.

24 Vita Arnulfi, MG SS rer. Merov. II, c. 1, S. 432, c. 11, S. 436, c. 16, S. 439: ,,Nam praefatus rex Chlotarius tanta eum fide et amore dilexit, ut, cum prolem suum Dagobertum in principatus culmine sublimasset, eidem regnum ad gubernandum et filium erudiendum in manu tradidisset. Quem ille acceptum ita altissima et profunda erudivit sapientia, ut in Secambrorum nacione rex nullus illi similis fuisse narraretur."; ferner c. 17, a. a. O., S. 439 Dagoberts Trick, seinen politischen Berater zu halten. – Wenn man den hagiographischen Zweck der Vita bedenkt und sie nicht nur hinsichtlich ihrer Ergiebigkeit an historischen Fakten betrachtet, ist das Ausmaß an historischen Mitteilungen darin erstaunlich groß, so daß es m. E. dem Charakter dieses Quellentyps nicht gerecht wird, wenn W. Levison aus der Perspektive des modernen Forschers bedauernd bemerkt, der Hagiograph habe wesentlich das Ziel gehabt, ,,die kirchlichen Tugenden Arnulfs zu preisen und ließ daneben sein Wirken für den Staat ganz zurücktreten". Vgl. *Wattenbach-Levison,* Geschichtsquellen I, S. 126; vgl. auch das Dagobertbild der Vita Geretrudis, MG SS rer. Merov. II, c. 1, S. 454f., eine Szene, in der Dagobert nicht ohne Humor einen reichen, adeligen Stutzer der jungen Gertrud als Gatten anpreist.

25 Vita Desiderii, MG SS rer. Merov. IV, bes. c. 2, S. 564: ,,A quo (Dagobert I.) hi tres germani, id est Rusticus, Siagrius et Desiderius, florentissime enutriti, summis dignitatibus praediti sunt. Rusticus, ut praefati sumus, abbatiam palatini oratorii, quod regalis frequentatur ambitio, et archidiaconatus officium gessit. Siagrius autem Massiliae gubernacula et Albiensium cometatum annis plurimis administravit. Desiderius vero iunior tempore, sed non inferior dignitate, sub indoles adhuc annis tesaurarius regis effectus, valde strenue se accinxit...", ähnlich c. 4 und c. 7, a. a. O., S. 565f. und 567f. (Einrücken der Brüder in hohe Staatsämter).

26 Vita Audoini, MG SS rer. Merov. V, c. 2, S. 555ff.: ,,Dilectus ab ipso principe (Dagobert I.) ob amore famulatui, inter ceteros satellites rege valde creditus, pro sapientiae oraculo fulgebat in tempore"; vgl. auch c. 16, a. a. O., S. 564; Vita Filiberti, MG SS rer. Merov. V, S. 586ff., bes. c. 25f., S. 597f.

27 Vita Eligii I, MG SS rer. Merov. IV, c. 9, S. 676: ,,Invenit ergo Eligius gratiam coram Domino et coram regibus Francorum, et ferebatur eius ab omnibus testimonium in tantum, ut copiosam molem argenti et auri vel gemmarum absque ulla pensa a rege acciperet; crescebatque ei honor cum magno favore de die in diem, et omni ex parte probatus, vernabat in aula devotus. Mortuo interea Chlothario rege Francorum, Dagobertus filius eius monarchiam regni solus obtinuit, a quo Eligius tanta familiaritate habitus est, ut plurimorum eius felicitas ingentem gigneret odium."; vgl. auch Vita Eligii I c. 5, c. 14, II c. 1, c. 32, a. a. O., S. 672f., 680ff., 694f., 717f.

28 Passio Leudegarii I, MG SS rer. Merov. V, c. 2, S. 284 f.: „... tunc Balthildis regina, qui cum Chlothario filio Francorum regebant palatium, divinum, ut credimus, inspirata consilium, ad memoratam urbem hunc strinuum direxit virum (Leodegar) ibidem esse episcopum, quatenus et ecclesia, quae pene biennium iam quasi viduata in saeculi fluctuatione remanserat, huius gubernationem vel fortitudinem tueretur et ab his quibus inpugnabatur defensaretur. Quid multa? ita in adventum eius territi sunt omnes ecclesiae vel urbes illius adversarii, necnon et hii qui inter se odiis et homicidiis incessanter certabant, ut memoriam transacti scandali non vellent audire: quia quos praedicatio ad concordiam non adduxerat, iustitiae terror cogebat ... Praeterea innuunt eius industriam ecclesiae pavimenta velaque aurea et atrii constructivo nova, murorum urbis restauratio, domorum reparatio et quae erant nimia vetustate consumpta per se reddentecrata, visa videntivus testimonia."

29 *Gregor von Tours,* De virtutibus S. Martini II, MG SS rer. Merov. ²I, 2 c. 29 und c. 48, S. 170 und S. 194.

30 *E. Vacandard,* Vie de saint Ouen, évêque de Rouen (641–684). Étude d'histoire mérovingienne, Paris 1902, S. 301 und S. 311; MG SS rer. Merov. V, S. 549; *A. Bigelmair,* Die Passio des heiligen Kilian und seiner Gefährten, in: Herbipolis Julians – 1200 Jahre Bistum Würzburg, Würzburg 1952, S. 1 ff., bes. S. 16 ff.; *J. Hoebanx,* L'abbaye de Nivelles (Mémoires de l'Académie royale de Belge XLVI), Brüssel 1952, S. 22 ff.; *K. Bosl,* Franken um 800. Strukturanalyse einer fränkischen Königsprovinz (Schriftenreihe zur Bayerischen Landesgeschichte 58), München 1959, S. 13 und S. 80 f.; *M. Zender,* Räume und Schichten mittelalterlicher Heiligenverehrung in ihrer Bedeutung für die Volkskunde. (Die Heiligen des mittleren Maaslandes und benachbarter Räume in Kultgeschichte und Kultverbreitung), Düsseldorf 1959, S. 92 f.

31 Paris, Bibl. nat. lat. 13159 (*E. A. Lowe,* CLA V Nr. 652), eine vor 800 geschriebene Unzialhandschrift, da Karl der Große in ihr noch als König erscheint. – Gertrud: fol. 165v linke Sp., Arnulf von Metz: fol. 166v, zusammen mit Eligius, Audoenus, Aper von Toul, Amandus etc., auch die hl. Afra ist erwähnt. Am Ende der Heiligenreihe eine der Orationes für Papst und König: „exaudi ds RP Leoni pape vita, exaudi xpe Caroli Regi vita, exaudi ds plib. Regalabus (= prolibus regalibus) vita."; vgl. auch fol. 163^{v}, 164^{r} + 165^{v}; *V. Leroquais,* Les psautiers manuscrits latins des bibliothèques publiques de France, II, Macon 1940/41, S. 112 ff.; vgl. auch die „Oratio pro regibus Francorum" saec. VIII¹ (Palimpsest), Karlsruhe, Landesbibl. Auf. CCLIII (fol. 11,16), Unzialis, im Frankenreich entstanden, noch im 8. Jahrhundert neu beschriftet mit *Hieronymus* in Matthaeum, spätestens 782 auf der Reichenau liegend – *E. A. Lowe,* CLA VIII Nr. 1101.

32 Urkunde Pippins von 691 *J. M. Pardessus* II Nr. 414, S. 212 f., MG DD Merov. (maiordom.) Nr. 2, Kopie: Paris, Bibl. nat. nouv. acq. franc. 22688 fol. 171^{r} + ^{v}. Urk. d. Hugo 715 *J. M. Pardessus* II Nr. 7. – Urk. König Chilperichs II. v. 717 *J. M. Pardessus* II Nr. 506, S. 313 f., MG DD Merov. (maiordom.) Nr. 89, Kopie: Paris, Bibl. nat. nouv. acq. franc. 22866 fol. 126^{r} + ^{v}; die Translation Arnulfs in Vita Arnulfi, MG SS rer. Merov. II c. 26, S. 444; *A. Hauck,* Kirchengeschichte Deutschlands, I. und II. Teil, Berlin – Leipzig ⁸1954, hier I, S. 239; *E. Müsebeck,* Die Benediktinerabtei St. Arnulf von Metz in der 1. Hälfte des Mittelalters, in: Jahrbuch der Gesellschaft für lothringische Geschichte und Altertumskunde 13 (1901), S. 164 ff., hier S. 165 f.

33 Plektruds liturgische Verehrung beschränkte sich auf ihre Stiftung St. Maria im Kapi-

tol zu Köln: *H. Schäfer*, Das Alter der Parochie Klein St. Martin – St. Maria im Kapitol zu Köln, in: Annalen des Hist. Vereins für den Niederrhein 74 (1902), S. 53ff., bes. S. 90f. Der Fall Plektruds ist ein negatives Beispiel für die Bedeutung der herrschenden Gruppen bei der Ausbreitung eines Kultes.

34 *Th. Bitterauf*, Die Traditionen des Hochstifts Freising I, Nr. 31, S. 59f.

35 Zum mittelalterlichen Wahrheitsbegriff vgl. *H. Fuhrmann, K. Bosl, H. Patze*, in: HZ 197 (1963), S. 529ff.

8. *Schlußbetrachtung und Ausblick*

1 Zum Stande der Diskussion über die Translation der Benedictusreliquien vgl. *F. Prinz*, Frühes Mönchtum im Frankenreich. Kultur und Gesellschaft in Gallien, den Rheinlanden und Bayern am Beispiel der monastischen Entwicklung (4.–8. Jh.), München – Wien 1965, hier S. 177f. und S. 276f.

2 *P. Riché*, Éducation et culture dans l'occident barbare. VIe–VIIIe siècle (Patristica Sarbonnensia 4), Paris 1962, S. 410ff. und S. 550.

3 *F. Prinz*, Klerus und Krieg im früheren Mittelalter (Monographien zur Geschichte des Mittelalters 2), Stuttgart 1971, darin vor allem die Abschnitte: Kriegs- und Reichsdienst der Geistlichen seit Karl dem Großen, S. 73ff.; Die Militarisierung des hohen Klerus durch die karolingischen Bruderkriege und die Invasionen der Normannen, S. 115ff.

4 *J. Semmler*, Zur Überlieferung der monastischen Gesetzgebung Ludwigs des Frommen, in: DA 16 (1960), S. 309ff.; *Ders.*, Karl der Große, Bd. II. Das geistige Leben, S. 255–289. – Nicht haltbar ist Semmlers Meinung, daß sich zur Zeit Karls d. Gr. der Verfall des Mönchtums auf die Kerngebiete des Imperium Francorum beschränkte, während die Randlandschaften des Reiches südlich der Loire und östlich des Rheins durch die aktive Förderung des Herrschers eine Hochblüte erlebten. Vgl. dazu die folgenden Anm.

5 *F. Felten*, Laienäbte in der Karolingerzeit. Ein Beitrag zum Problem der Adelsherrschaft über die Kirche, in: *A. Borst* (Hrsg.), Mönchtum, Episkopat und Adel zur Gründungszeit des Klosters Reichenau (Vorträge und Forschungen Bd. XX), Sigmaringen 1974, S. 397–431.

6 *Ders.*, a.a.O., S. 426.

7 *H. Fichtenau*, Das karolingische Imperium. Soziale und geistige Problematik eines Großreiches, Zürich 1949, S. 102.

8 *F. Felten*, Laienäbte in der Karolingerzeit, S. 426; ausführlicher zum Problem der Laienäbte in Kürze *Ders.*, Äbte und Laienäbte im Frankenreich. Studien zum Verhältnis von Kirche und Staat im frühen Mittelalter (Monographien zur Geschichte des Mittelalters 20), Stuttgart 1980.

9 *F. Prinz*, Heiligenkult und Adelsherrschaft im Spiegel merowingischer Hagiographie, in: HZ 204 (1967), S. 529–544; *F. Irsigler*, Untersuchungen zur Geschichte des frühfränkischen Adels (Rhein. Archiv 70), Bonn 1969; anders *F. Graus*, Sozialgeschichtliche Aspekte der Hagiographie der Merowinger- und Karolingerzeit, in: *A. Borst* (Hrsg.), Mönchtum, Episkopat und Adel, a.a.O., S. 131–176, hier S. 159ff.

Auswahlbibliographie

A. Alföldi, The Conversion of Constantine and Pagan Rome, Oxford 1948.

A. Angenendt, Willibrord im Dienst der Karolinger, in: Annalen des Historischen Vereins für den Niederrhein 175 (1973).

J. F. Angerer, Das Mönchtum im karolingischen Reich, in: Die Anfänge des Klosters Kremsmünster, Linz 1978.

C. A. Bernoulli, Die Heiligen der Merowinger, Tübingen 1900.

L. Bieler, Irland. Wegbereiter des Mittelalters, Olten 1961.

B. Bischoff, Die südostdeutschen Schreibschulen und Bibliotheken der Karolingerzeit, Leipzig 1940, Wiesbaden ²1960.

B. Bischoff, Panorama der handschriftlichen Überlieferung aus der Zeit Karls des Großen, in: *W. Braunfels* (Hrsg.), Karl der Große, Bd. II, Düsseldorf 1965.

B. Bischoff, Mittelalterliche Studien, 2 Bände, Stuttgart 1966, 1967.

A. Borst (Hrsg.), Mönchtum, Episkopat und Adel zur Gründungszeit des Klosters Reichenau (Vorträge und Forschungen Bd. XX), Sigmaringen 1974.

H. v. Campenhausen, Die asketische Heimatlosigkeit im altkirchlichen und frühmittelalterlichen Mönchtum, Tübingen 1930.

Ch. N. Cochrane, Christianity and Classical Culture. A Study of Thought and Action from Augustus to Augustine, Oxford 1944.

L. H. Cottineau, Répertoire topo-bibliographique des abbayes et prieurés, 2 Bände, Maçon 1935, 1939.

E. R. Curtius, Europäische Literatur und lateinisches Mittelalter, Bern-München ³1961.

H. Dannenbauer, Die Entstehung Europas. Von der Spätantike zum Frühmittelalter, 2 Bände, Stuttgart 1959, 1962.

H. Delehaye, Les légendes hagiographiques, Brüssel 1905, ⁴1955.

W. Delius, Geschichte der irischen Kirche von ihren Anfängen bis zum 12. Jahrhundert, München-Basel 1954.

J. Duft, Irische Einflüsse auf St. Gallen und Alemannien, in: *A. Borst* (Hrsg.), Mönchtum, a. a. O.

L. van der Essen, Étude critique et litteraire sur les vitae des saints mérovingiens de l'ancienne Belgique, Löwen-Paris 1907.

E. Ewig, Die Missionsarbeit der lateinischen Kirche, in: *H. Jedin* (Hrsg.), Handbuch der Kirchengeschichte Bd. II, 2, Freiburg-Basel-Wien 1975.

E. Ewig, Trier im Merowingerreich. Civitas, Stadt, Bistum. Trier 1954.

F. Felten, Laienäbte in der Karolingerzeit. Ein Beitrag zum Problem der Adelsherrschaft über die Kirche, in: *A. Borst* (Hrsg.), Mönchtum, a. a. O.

G. Ferrari, Early Roman Monasteries, Rom 1957.

H. Fichtenau, Das karolingische Imperium. Soziale und geistige Problematik eines Großreiches, Zürich 1949.

J. Fontaine, Vie de S. Martin (Sources Chrétiennes Bd. 133–135), Paris 1967, 1969.

J. Fontaine, Isidore de Seville et la culture classique dans l'Espagne visigothique, Paris 1959.

K. S. Frank, Grundzüge der Geschichte des christlichen Mönchtums, Darmstadt 1975.

W. Fritze, Universalis gentium confessio. Formeln, Träger und Wege universalmissionarischen Denkens im 7. Jahrhundert, in: Frühmittelalterliche Studien 3 (1969).

F. Graus, Volk, Herrscher und Heiliger im Reich der Merowinger. Studien zur Hagiographie der Merowingerzeit, Prag 1965.

F. Graus, Die Gewalt bei den Anfängen des Feudalismus und die „Gefangenenbefreiungen" der merowingischen Hagiographie, in: Jahrbuch für Wirtschaftsgeschichte 1 (1961).

H. Günter, Legenden-Studien, Köln 1906.

H. Günter, Die christliche Legende des Abendlandes (Religionswissenschaftliche Bibliothek, Bd. II), Heidelberg 1910.

G. Haendler, Geschichte des Frühmittelalters und der Germanenmission, in: *K. D. Schmidt, E. Wolf* (Hrsg.), Die Kirche in ihrer Geschichte, Bd. II E, Göttingen 1961.

H. Hagendahl, Latin Fathers and the Classics, Göteborg 1958.

K. Hallinger, Römische Voraussetzungen der bonifatianischen Wirksamkeit im Frankenreich, in: Bonifatius-Gedenkgabe, Fulda ²1954.

K. Hauck, Geblütsheiligkeit, in: Liber Floridus. Festschrift für P. Lehmann, St. Ottilien 1950.

M. Heinzelmann, Bischofsherrschaft in Gallien. Zur Kontinuität römischer Führungsschichten vom 4. bis 7. Jahrhundert. Soziale, prosopographische und bildungsgeschichtliche Aspekte (Francia, Beiheft 5), Zürich-Wien 1976.

K. Heussi, Der Ursprung des Mönchtums, Tübingen 1936.

W. Horn, E. Born, The Plan of St. Gall, 3 Bde., Berkeley-Los Angeles-London 1979.

D. Illmer, Formen der Erziehung und Wissensvermittlung im frühen Mittelalter (Münchner Beiträge zur Mediävistik und Renaissance-Forschung 7), München 1971.

F. Irsigler, Untersuchungen zur Geschichte des frühfränkischen Adels (Rheinisches Archiv 70), Bonn 1969.

B. Jaspert, Benedikt von Nursia – der Vater des Abendlandes?, in: Erbe und Auftrag 49 (1973).

B. Jaspert, Die Regula Benedicti–Regula Magistri-Kontroverse (Regulae Benedicti Studia, Suppl. Bd. 3), Hildesheim 1975.

B. Jaspert, Regula Magistri – Regula Benedicti. Bibliographie ihrer Erforschung 1938–1970 (Subsidia Monastica 1), Montserrat 1971.

J. F. Kennedy, The Sources for the early History of Ireland I, New York 1929, Neudruck 1967.

B. Kötting, Peregrinatio religiosa, Münster 1950.

K. H. Krüger, Königsgrabkirchen der Franken, Angelsachsen und Langobarden bis zur Mitte des 8. Jahrhunderts (Münstersche Mittelalter-Schriften, Bd. 4), München 1971.

P. de Labriolle, La réaction paienne. Étude sur la polémique antichrétienne du Ier au VIe siècle, Paris 1934.

M. L. W. Laistner, Christianity and Pagan Culture in the later Roman Empire, Ithaka – New York 1951.

P. Lehmann, Die handschriftliche Überlieferung der antiken römischen Klassiker, in: Philobiblon 7 (1934).

E. Lesne, Histoire de la propriété écclesiastique en France, 4 Bände, Lille – Paris 1910–1940.

W. Levison, England and the Continent in the Eighth Century, Oxford 1956.

W. Levison, Aus rheinischer und fränkischer Frühzeit, in: *W. Holtzmann* (Hrsg.), Ausgewählte Aufsätze, Düsseldorf 1948.

H. Löwe, Arbeo von Freising. Eine Studie zur Religiosität und Bildung im 8. Jahrhundert, in: Rheinische Vierteljahresblätter 15/16 (1950/1951).

B. Lohse, Askese und Mönchtum in der Antike und in der alten Kirche, München – Wien 1969.

R. Lorenz, Das vierte bis sechste Jahrhundert (Westen), in: *K. D. Schmidt, E. Wolf* (Hrsg.), Die Kirche in ihrer Geschichte, Bd. I, C 1, Göttingen 1970.

R. Lorenz, Die Anfänge des abendländischen Mönchtums im 4. Jahrhundert, in: Zeitschrift für Kirchengeschichte 77 (1966).

H.-J. Marrou, Saint Augustin et la fin de la culture antique, Paris [4]1958.

G. Melani, Monachesimo Orientale, Jerusalem 1970.

A. Momigliano (Hrsg.), The Conflict between Paganism and Christianity in the Fourth Century, Oxford 1964.

E. de Moreau, Saint Amand, apôtre de la Belgique et du Nord de la France, Louvain 1927.

I. Müller, Zur churrätischen Kirchengeschichte im Frühmittelalter, in: Jahresberichte der Historischen Antiquarischen Gesellschaft von Graubünden 98 (1969).

H. Mundó, L'authenticité de la Regula s. Benedicti, in: Studia Anselmiana 42 (1957).

F. Nietzsche, Zur Genealogie der Moral, in: *K. Schlechta* (Hrsg.), Werke in 3 Bänden, München 1955.

F. Prinz, Frühes Mönchtum im Frankenreich. Kultur und Gesellschaft in Gallien, den Rheinlanden und Bayern am Beispiel der monastischen Entwicklung (4. bis 8. Jahrhundert), München – Wien 1965.

F. Prinz, Heiligenkult und Adelsherrschaft im Spiegel merowingischer Hagiographie, in: Historische Zeitschrift 204 (1967).

F. Prinz, Klerus und Krieg im früheren Mittelalter. Untersuchungen zur Rolle der Kirche beim Aufbau der Königsherrschaft (Monographien zur Geschichte des Mittelalters 2), Stuttgart 1971.

F. Prinz, Die bischöfliche Stadtherrschaft im Frankenreich vom 5. bis zum 7. Jahrhundert, in: Historische Zeitschrift 217 (1973).

F. Prinz (Hrsg.), Mönchtum und Gesellschaft im Frühmittelalter (Wege der Forschung, Bd. CCCXII), Darmstadt 1976.

F. Prinz, Augsburg im Frankenreich, in: *J. Werner* (Hrsg.), Die Ausgrabungen in St. Ulrich und Afra in Augsburg 1961–1968, München 1977.

P. Riché, Éducation et culture dans l'occident barbare, VIe–VIIIe siècle (Patristica Sarbonnensia 4), Paris 1962.

J. Ryan, Irish Monasticism. Origins and early Development, Dublin 1931, ergänzte Neuauflage New York 1972.

K. Schäferdieck (Hrsg.), Kirchengeschichte als Missionsgeschichte, Bd. II,1: Die Kirche des frühen Mittelalters, München 1978.

Th. Schieffer, Reichskirchen und Landeskirchen des 7. Jahrhunderts, in: *Th. Schieder* (Hrsg.), Handbuch der Europäischen Geschichte, Bd. I, Stuttgart 1976.

Th. Schieffer, Angelsachsen und Franken. Zwei Studien zur Kirchengeschichte des 8. Jahrhunderts, in: Akademie der Wissenschaften, Mainz, Geistes- und Sozialwissenschaftliche Klasse 20 (1950).

J. Semmler, Episcopi potestas und karolingische Klosterpolitik, in: *A. Borst* (Hrsg.), Mönchtum, a. a. O.

J. Semmler, Zur Überlieferung der monastischen Gesetzgebung Ludwigs des Frommen, in: Deutsches Archiv 16 (1960).

E. Spreitzenhofer, Die Entwicklung des alten Mönchtums von seinen ersten Anfängen bis zum Auftreten des hl. Benedikt in Italien, Wien 1894.

F. Steinbach, Der geschichtliche Weg des wirtschaftenden Menschen in die soziale Freiheit und politische Verantwortung, in: Collectanea Franz Steinbach, Bonn 1967.

F. M. Stenton, Anglo-Saxon England, Oxford ^{3}1971.

K. F. Stroheker, Der senatorische Adel im spätantiken Gallien, Tübingen 1948, Neudruck Darmstadt 1970.

L. Traube, Textgeschichte der Regula S. Benedicti, in: Abhandlungen der Bayerischen Akademie der Wissenschaften, Historische Klasse, München 1898.

L. Ueding, Geschichte der Klostergründungen der frühen Merowingerzeit, in: Historische Studien 261, Berlin 1935.

A. de Vogüé, La règle de s. Benoît. Introduction, traduction et notes (Sources Chrétiennes, Bd. 181–182), Paris 1972.

G. Wampach, Sankt Willibrord. Sein Leben und Lebenswerk, Luxemburg 1953.

K. Weber, Kulturgeschichtliche Probleme der Merowingerzeit im Spiegel frühmittelalterlicher Heiligenleben, in: Studien und Mitteilungen zur Geschichte des Benediktinerordens 48 (1930).

H. Wolfram, Der hl. Rupert und die antikarolingische Adelsopposition, in: Mitteilungen des Instituts für österreichische Geschichtsforschung 75 (1972).

J. Wollasch, Mönchtum des Mittelalters zwischen Kirche und Welt, München 1973.

M. Zender, Räume und Schichten mittelalterlicher Heiligenverehrung in ihrer Bedeutung für die Volkskunde. Die Heiligen des mittleren Maaslandes und benachbarter Räume in Kultgeschichte und Kultverbreitung, Düsseldorf 1959.